23 Penumbras del Deseo

23 Penumbras del Deseo

Corinne Allouch
Clara Basteh
Mercedes Belange
Valérie Boisgel
Sophie Cadalen
Cléa Carmin
Margaret Cartier
Anne Cécile
Lou Cristal
Élizabeth Herrgott
Michèle Larue
Maïna Lecherbonnier
Marie Lincourt
Lucie Lux
Mélanie Muller
Emmanuelle Poinger
Françoise Rey
Julie Saget
Salomé
Sabine Varrona
Yo
Géraldine Zwang
Ljubi Zwezdana

NOVELA
ROBIN BOOK

Título original: *Pulsions de femmes*

Diseño de cubierta: Regina Richling
Ilustración de cubierta: iStockphoto
Diseño interior: Igor Molina Montes

ISBN: 978-84-9917-296-5
Depósito legal: B-20.293-2012

Impreso por Sagrafic, Plaza Urquinaona, 14 7° 3ª, 08010 Barcelona
Impreso en España - *Printed in Spain*

Índice

1

TGV 6969

CORINNE ALLOUCH

Él estaba ahí, frente a ella, como un electrón libre atrapado entre sus labios.

Al principio, cuando estaban los dos frente a frente, de pie, justo a la salida, antes de ocupar sus lugares, él la había mirado directamente a los ojos. Al menos, esa sensación había tenido ella. Había sostenido su mirada y ahí, durante un cuarto de segundo, ella había sentido ese extraño hechizo que conocía de antemano, que ya había vivido. Naturalmente, a él no le había visto jamás. Pero percibía lo que suscitaba en ella, lo reconocía, podía ponerle nombre. Sentados uno junto a la otra, no se separaban y aunque ella sabía de entrada que sería la primera en ceder, se divertía dándose miedo, no moviéndose, no respirando, sin dejar de contemplar ni por un instante el fondo de su iris. Verde, claro, no podía ser sino verde dada su debilidad por los hombres morenos con ojos verdes. Por eso aquel que se había puesto frente a ella como en una película se ajustaba a la perfección a sus sueños. Alto, delgado, ancho de espaldas, el pelo alborotado, la mirada clara y el rostro estragado por la vida que no había vivido y por la que se obligaba a vivir.

Ella, sin apartar la mirada, se preguntaba qué efecto debía causarle y si sería el mismo... Muy erguida, apoyándose fuertemente sobre sus pies como acostumbraba en situaciones de peligro y, sobre todo, para evitar que le temblaran las piernas, sentía ya el flujo ligero remontando su cavidad. Adoraba ese instante en que el deseo se concretaba para licuarse primero en la cabeza antes de cobrar cuerpo, intensamente, entre sus muslos. Ese hombre, que seguía frente a ella, y que tampoco se movía ni para sentarse, se convertía en ese chorrito que discurría lentamente de su cabeza hacia su cuerpo. Apretaba las piernas con toda su fuerza como si, de pronto, ese chorro tuviera que aumentar, convertirse en enorme, vasto, denso, incontrolable, como si fuera a escapársele para transformarse en inmenso charco bajo su ropa y todo el mundo pudiera leer en él el deseo apremiante, incondicional, absoluto, que tenía ella de ese hombre, quieto frente a ella desde hacía ya largos minutos. Cuando ella apartó la mirada, fue para bajarla hacia su torso y fijarse en su cinturón. No quería más. No quería bajar. Se prohibía ir más abajo. Para evitar lo inevitable, pensó en sus impuestos, evaluó el trabajo que tenía pendiente, reflexionó acerca de cómo iba a planificarlo… Intentó concentrarse en las cosas más desagradables que se le pudieran ocurrir, en todo aquello que la retenía en la tierra, la aferraba a la cotidianeidad profesional, para no bajar, para no dejarse ir, para no constatar lo que ya sabía: que así como ella estaba húmeda, él estaba empalmado.

La sensación de causarle una erección a un hombre, desconocido, sobre todo cuando es tan guapo y no tiene ojos más que para ti, es buena. Para prolongar ese éxtasis del instante que no regresa, ese deseo insensato de una piel, un vientre, una verga y unos cojones que asir, ella se obligó a volver sobre sus pasos, subir a sus pezones que percibe duros y preparados para ella, a rozar su cuello y detenerse morosamente en su boca. Eso es lo que no debería haber hecho, ese fue su error. Cuando ella se fijó en su boca, él se la estaba mordiendo hasta hacerse sangre, revelando con este gesto el deseo que de ella tenía. No debería haberse demorado en esas dos orillas de carne tan bien dibujadas que bastaban para experimentar un deseo instantáneo de succionarlas, mojarlas, ensalivarlas, tragárselas, chuparlas. Cuando ella se fijó en su boca, independiente del resto de su cara y de su cuerpo, el hilillo que había conseguido bloquear entre sus muslos se le empezó a escapar. Los cerró entonces con tanta fuerza que habría podido correrse ahí mismo, sin roce, sin dedos, sin lengua, sin nada más que la mirada del hombre sobre su vulva entreabierta y la idea de su polla hinchada, accesible, viva y preparada. En ese momento preciso, cuando notó que se le subía el orgasmo a la cabeza, ella apartó la mirada y decidió sentarse. Con un poco de suerte, el asiento que quedaba libre justo enfrente del suyo no sería el de ese hombre. Con un poco de suerte, él renunciaría, se alejaría de ella y se sentaría en alguna otra parte. Cuando se sentó, notó la humedad pegajosa del hilillo en su entrepierna. Percibió un ligero olor, el olor bien conocido del deseo, el sexo y la muerte. Se reprochaba terriblemente haberse mojado de esa forma por alguien a quien no conocía pero, a la vez, se sentía nuevamente tan bella, tan joven, tan viva. Sus ojos fijos en ella y que se mordisqueara los labios bastaron para transportarla a otra parte, y ahora ella luchaba para no regresar. Sentada, apenas se atrevía a separar las piernas. Se había abierto el impermeable para que él la viera, la oliera, aspirara su aroma. Claro que, aquello, ella no lo habría confesado jamás, habría pretextado que tenían un largo viaje por delante y el calor de finales de verano. Mientras ella se instalaba, él no le había quitado los ojos de encima, sabía, y le divertía saberlo, que ella debía de estarse preguntando dónde estaba el asiento de él. Pero, naturalmente, su lugar estaba frente a ella, sobre ella, al fondo. Sabía que, pronto, ella y él se fundirían, se beberían el uno al otro, se degustarían, se besarían, se follarían, se empujarían, se abatirían el uno sobre el otro. Lo que él ignoraba era cuándo, puesto que tenía la intención de dejarle a ella la iniciativa. Él estaba ahí, frente a ella, para ella, y la esperaba, sabía ya de sus escalofríos, sus vacilaciones, sus miradas, su aroma de almizcle, su humedad, su olor. Él ya lo sabía. Su polla ya se lo había contado todo. Sabía desde que el tren se había puesto en marcha que su polla codiciaba su coño y que su coño codiciaba su polla. Sabía que ella se estaba debatiendo y que, una y otra vez, su mirada regresaba al sable prohibido.

Ella pensaba no mirarle. Él sabía que aunque volviera la cabeza o se concentrara en su impermeable, no pensaba más que en eso, no deseaba más que eso, con él. Así, la hacía descender a lo largo de sus piernas, le colocaba una mano tierna y dulce sobre la cabeza y la empujaba hacia su protuberancia enorme, ardiente, llena de esos jugos que vertería encima de ella, dentro, fuera, donde ella le pidiera. Porque quería que fuera ella quien se lo reclamara, se lo pidiera con la mirada y con el cuerpo, cuando ya no pudiera soportar el dolorcillo en la grieta de sus labios, allá donde le apretaba el tanga. Sabía que estaba empapada, temblando de placer. Se lo había leído en la mirada mientras se sentaban, y había visto cómo apretaba las piernas para sofocar ese fuego, detener la tempestad, canalizar los flujos. Lo había leído cuando ella bajó la cabeza y rogó que él no se sentara a su lado. Lo había comprendido definitivamente cuando ella se abrió el impermeable para que él viera lo que le había ocultado hasta ese momento, sus caderas, su vientre, sus senos, su escote. Cuando ella se los ofreció sin mirarle, se empalmó como un loco. Entonces le tocó a él soportar la sensación de estar a punto de explotar. Y, como ella, se sentó para calmarse, para ponerle un dique al torrente de esperma que estaba subiendo sin que él estuviera seguro de poderlo controlar. Como ella, había rehuido la mirada durante un momento para olvidar a esa mujer, sentada frente a él, con las piernas firmemente apretadas, los senos tensos, las manos al alcance de sus protuberancias. De haberse dejado llevar, se habría abalanzado sobre su vulva ahí mismo, le habría subido la falda, rápido, sin más dilación, y la habría lamido por encima de su tanga. Ella esperaba precisamente eso, él lo sabía, habría gozado al instante, se habría corrido en su garganta y él habría chillado al notar cómo su polla explotaba ante el olor de esa mujer, aunque lejos de sus manos, lejos de sus labios, ajena a cualquier caricia. En el punto en que se hallaban, y eso lo sabían ambos, habrían podido gozar con solo mirarse. Otro labio mordisqueado, otra lengua mojada que se asoma, un dedo en la boca, una ojeada a un pezón, un estremecimiento de los senos, todo, nada y cualquier cosa habrían podido arrancarles, en ese instante, el grito de almizcle y el esperma mezclados. Pero ni el uno ni la otra lo deseaban todavía. Lo que más anhelaban, sin mediar palabra ni mirada de cansados que estaban de desearse, era seguir deseándose y demorar el encuentro. Cuando él se sentó frente a ella, como ella se temía, y bajó la cabeza para recuperar moralmente el poder sobre su polla, ella provechó para observarle. Le habría encantado pasar una mano sobre sus greñas oscuras, relajar sus hombros, que ella notaba tensos bajo el jersey, liberar su pecho de la increíble tensión que percibía y, sobre todo, sobre todo, le habría encantado ponerse de rodillas, sentir la mano del hombre posada sobre su cabellera de mujer y ver cómo el otro se desabrochaba el pantalón vaquero. Le encantaban los hombres en pantalón vaquero, le encantaba imaginar su polla flotando bajo esa tela amplia y rugosa. Adoraba la idea de que su mano la guiara hacia el centro de su vida. Adoraba la idea de que él no pudiera resistirse y no hiciera nada por retener el chorro ni por acallar su grito.

De rodillas entre sus piernas, ella le olisqueaba, le olía y empezaba a lamerle como un cachorro hambriento. Cada vez que él notaba la puntita de su lengua rosada en sus cojones, sobre su polla o sobre su glande, se estremecía violentamente. Él no quería que abandonara esa zona y, a la vez, soñaba con notarla en otras partes, más arriba, más abajo, ya ni sabía, la quería en todos lados a la vez aunque lo que más deseaba era la puntita de su lengua dulce y muy rosada dentro del agujero de él. A menudo, habría soñado en ese instante único en el que él abriría su mayor intimidad para la mujer que quisiera descubrirla. A menudo, había imaginado una boca, un dedo, un consolador, pero nunca se le había ocurrido imaginar que le penetrara ese pedacito de carne tan tierno y tan preciso. Con el pantalón vaquero a media pierna, él apartaba las nalgas en busca de ese trocito de vida que no le esperaba sino a él. Sentía cómo una felicidad absoluta se abría camino suavemente, lánguidamente hasta su culo. Percibía, a lo lejos, a la mujer que estaba de rodillas frente a él, y le encantaba el roce de su pelo sobre sus cojones, sus ojos sobre las gotas de esperma que le arrancaba a su pesar, su boca golosa, que tomaba sin pedírselo. Agotado, levantó la cabeza con un gesto brusco, casi violento, se apartó de la frente el mechón que le había permitido recuperar la compostura y fijó de nuevo sus ojos en los de ella, sólo en sus ojos. Cautivada por la atención de la que él la hacía objeto, se tragó su fantasía e intentó mirar a su alrededor. Nada, no veía nada. Sin duda alguna, ahí a lo lejos estaba la estudiante concentrada en su ordenador, con un libro de latín junto a ella. También había un hombre adormilado al otro lado del pasillo. Y una mujer joven y su bebé profiriendo de vez en cuando «ajó, ajó». Asimismo, había... Aunque, en realidad, sólo estaban ellos dos, ella y él, uno frente a la otra, dispuestos a abalanzarse sobre el otro en cuanto lo decidieran... es decir, en cuanto ella lo decidiera pero eso ella no lo sabía, esperaba que fuera él, que le hablara él, que le dijera cualquier cosa con tal de que diera el primer paso y la tomara. Él, para iniciar la danza, con una pierna sobre la otra, esperaba la señal de aquélla a la que no le quitaba ojo de encima. Ella regresaba incesantemente a su rostro, a la imagen que él le remitía de sí misma: una mujer sumisa a su deseo y completamente entregada a la pulsión sexual que él había hecho nacer y emerger a flor de clítoris. Si, en ese momento, ella se arriesgaba a moverse, aunque sólo fuera para separar las piernas tal como se moría de ganas de hacer, él zambulliría su mirada ahí, sin duda alguna, y la aprisionaría sin tocarla para que sus labios se cerraran en torno a su polla, que le entregaría luego para que la deslizara y se la tragara hasta lo más profundo de su garganta. Si seguía mirándole así, y si él seguía buscándola pasando la vista por sus senos, de sus senos a su vientre, de su vientre a su vagina, mojada, goteando por culpa de él, estaba claro que, finalmente, ella cedería. Si él seguía exponiendo su verga ante sus ojos, tendiéndole la bragueta, como si no pasara nada, de ese modo, simplemente volviéndose hacia ella, ella caería, iría a morir a sus pies y le haría gozar y gozaría con él durante un lapso infinito y veloz a la vez.

Su flujo y su esperma se mezclarían como dos seres conocidos totalmente independientes de ellos y sin embargo tan dependientes de su enajenamiento que gozarían juntos y a la vez, absolutamente inclinados el uno hacia el otro sin tocarse. Pero, de repente, la idea de no tocarlo ni una vez, una sola vez, apenas el momento necesario para sentir esa polla tan gorda en la palma de su mano, se le antojó insoportable. Entonces ella avanzó hacia el borde del asiento, abrió claramente las piernas, le ofreció su vulva que había manchado sus braguitas blancas de jovencita y se fue aproximando a él deslizando el culo sobre el asiento. Ya en el borde, abandonada toda decencia, con la cabeza y el cuerpo exclusivamente ocupados por el deseo de tener su polla en su coño, su dedo en su culo y su lengua en su boca, se arrojó contra él, con un suspiro al borde del placer. Pero entonces hubo algo que no sucedió. Contra todo pronóstico, el hombre no se movió.

No la recibió en sus brazos, ni la atrajo hacia su vientre, ni le tendió los brazos, ni la besó apasionadamente en la boca, ni le tocó los senos, ni intentó escabullirse en sus braguitas blancas manchadas para satisfacer su deseo, no le separó las piernas para penetrarla, no le tendió su sexo, duro y enorme, no le ofreció sus testículos... Contra todo pronóstico, el hombre no rechistó. Ni una palabra, ni un gemido salieron de su boca roja con dientes blancos, tan blancos. El hombre no pestañeó. Sus ojos eran verdes, tan verdes. Pero no transmitían nada. No expresaban nada. De pronto, sus iris, que un momento antes no abandonaban su labios ni por asomo, ya no le hablaban, ya no la atraían, ya no sobornaban su deseo. Alrededor de ella, la chica cerraba el ordenador, el bebé dormía en los brazos de su madre, el hombre somnoliento se había despertado, y todos la miraban. Ella estaba de pie, con las piernas separadas, temblorosas, los ojos azorados, las manos proyectadas hacia adelante, los ojos fijos al frente, su cuerpo abandonado, tan abandonado que apenas la sostenía. Estaba de pie, con las piernas ligeramente flexionadas, el cuerpo desconcertado, la cabeza aún ensoñada: el hombre que estaba frente a ella ya no la miraba. Ella estaba encima de él. Él ya no la veía. Indiferente a cuanto la rodeaba, le besó los labios dulcemente, tiernamente, puso un dedo sobre sus ojos, tocó su sexo a través de sus vaqueros de papel y se sentó tranquilamente frente al hombre del cartel. Una larga señal sonora acababa de anunciar la parada del tren 6969. Sentada, sola, frente a él, se levantó la falda, se apartó el tanga, le mostró sus medias altas encaramadas sobre sus muslos chorreantes, se mojó un dedo lentamente y lo deslizó en su vulva, con la mirada perdida en sus iris verdes. Con los ojos nuevamente a la altura de sus labios carnosos, él la animó de nuevo concediéndole su deseo. Ella separó más las piernas y partió lejos, muy lejos, a algún lugar en compañía de él. Empapada, hinchada, se llevó al éxtasis y gozó hasta agotar su deseo de él.

En el andén donde la esperaba su novio escucharon su grito, largo y sostenido...

2

Teléfono rosa

Clara Basteh

Formo parte del porcentaje de creativos de los que necesitan las multinacionales para poder respirar. Están los que me adoran, y una minoría que me odia. Me lo permiten todo, incluidos mis vaqueros de talle bajo y desgastados de los que asoma siempre la tira de un tanga de buena marca. En el TGV este lunes por la mañana, me dirijo a Pau donde sólo me espera un congreso profesional. El sexo representa la más esencial de mis distracciones, satisfacer mis deseos es siempre una preocupación en dichas circunstancias.

Desde hace algún tiempo mantengo una relación virtual con un joven llamado Théo. Cada día, a eso de las cuatro de la tarde, me manda un mensaje al móvil.

«Tengo ganas de atarte a mi escritorio, vendarte los ojos y hundir mi sexo en tu bella boca de chupona...»

Tengo muchas ganas de hacerle el amor, se lo he dicho. Le querría ver tumbado, con los ojos cerrados, inmóvil. Le contemplaría y le acariciaría lentamente hasta que alcanzara el placer. También espero que muestre iniciativa, es bastante complicado.

Por las tardes, en los congresos, algunos duermen y otros se divierten. A las cuatro, escribo a Théo.

«Me aburro, dime algo sexy.»

La respuesta no se hace esperar:

«Siento tu lengua en mis testículos hinchados de deseo, subes lentamente a lo largo de mi falo sin dejar de mirarme a los ojos, envuelves mi glande con tu boca experta sin apartar jamás la mirada, parece que ya hayas tomado posesión completa de mi cuerpo...»

«¿Te gustaría gozar en mi boca?»

«No está tan claro que lo consigas, ¿aceptas el desafío?»

Quiere saber si soy capaz de introducir entero el sexo de un hombre en mi boca.

Sonrío y me balanceo mientras tecleo mi respuesta, esta complicidad es tan dulce en esta sala donde se han reunido miles de personas... Esa noche, voy sola al restaurante. Théo me telefonea y hablamos durante largo rato. Le pregunto si ha tenido experiencias con hombres. No, pero podría tentarle la idea. Lo que le fastidia es la sensación de que tenga que despabilarle como un crío apenas púber. Le aconsejo que se inicie en compañía de mujeres, con juguetes sexuales. Me entran muchas ganas de proponerle que lo probemos juntos. Me siento relajada en su compañía, tiene una voz muy fresca, la noche es fresca... Hay algo en mí que dice sí.

«Tengo ganas de que me vuelvas loco, no quiero refrenarme, no quiero límites...»

No sé si yo tengo la experiencia que él parece esperar de mí. Me arrastra inexorablemente hacia algo que no conozco.

Regreso a la habitación de hotel donde me espera mi nuevo juguete sexual que se llama Joy. Es verde fluorescente y tiene unos anillos rosa. Los anillos le proporcionan un diámetro muy ancho y hay que introducirlo despacito. Los intercambios que he mantenido durante el día con ese desconocido han despertado en mí a una mujer adormilada en un rincón olvidado de mi cabeza. Logro gozar dos veces en un cuarto de hora. Me quedo un momento mirando el techo, y experimento un súbito sentimiento de gratitud de alcance universal.

Al día siguiente, me toca actuar como oradora. Sé que, diga lo que diga, los congresistas aplaudirán debido al estado de gracia en el que me hallo, es así. El día amenaza con un calor canicular, y opto por ponerme un vestido de verano sin nada debajo. Quiero complacer a Théo, y el hecho de que él no esté allá no tiene ninguna importancia.

Llega mi turno. Mi rostro aparece en dos pantallas gigantes y en todos los televisores de los estands del congreso, se acalla el rumor de las voces, empiezo.

Vuelvo a mi asiento rodeada de aplausos, mi equipo me sonríe sacudiendo la cabeza, el sudor pega la tela a mi cuerpo, que es a la vez frágil y voluptuoso. Soy una gozadora, un detalle conocido que me granjea el respeto de las parejas libertinas.

La tarde transcurre lentamente, ya casi no le presto atención a nada de lo que se dice. Théo me escribe una historia a partir de una serie de SMS que recibo más a menos cada cinco minutos.

«Tumbada desnuda sobre la playa, el sol te acaricia y despierta en ti sensaciones eróticas en perfecta armonía con el masaje que la arena te va dando en el hueco de la espalda. Un sopor invade tu cuerpo abandonado, abierto a todos los envites externos. Separas las piernas, permitiendo que tu bello sexo liso se ofrezca al sol. Arqueas la espalda, colocas los brazos detrás de la cabeza, tu respiración se acelera, anhelas lo improbable, te ofreces virtualmente al semental de tus sueños. De pronto, notas una presencia junto a ti, y decides entregarte a ese don de cielo. Notas que su mirada se fija en tus piernas, tus caderas, tu sexo, tu vientre, tu cara. Estás tan excitada que emites un gritito de placer cuando su lengua se acerca a degustar tu clítoris. El desconocido percibe plenamente tu deseo, y opta por demorar los preliminares. Poco a poco, te conviertes en su esclava...»

El deseo casi me duele. Tengo ganas de su olor de macho, de su sexo dentro de mí, de catar su esperma... Salgo al exterior a tomar el sol, soy menos dura, soy más fuerte.

Hay una cena de gala con un baile como broche final. Me refugiaré en el hotel para evitar el aperitivo. Me quedo tumbada en el suelo gozando de mi estado erótico, apreciando su delicadeza y su vértigo. No tengo ganas de comer ni de beber, lo que más me apetece es un hombre. Que me toque, que abuse de mí.

Me pongo un vestido rojo anudado al cuello. Si tiran del nudo, se desplomará sin hacer más ruido que el de la piel de una naranja. Me dirijo a la carpa donde se va a celebrar la velada. Hace un calor asfixiante, la mesa de mi equipo está al pie del escenario donde pronto empezará a actuar un grupo de bailarines.

Por su parte, Théo está cenando en un restaurante con un grupo de amigos, y seguimos con nuestro cortejo.

«Sólo me apeteces tú, no puedo ni comer.»

«No tengas miedo, ya no tendrás que esperar mucho.»

«Sí, pero aún así es demasiada espera, es demasiada espera.»

«Ten paciencia, me ocuparé de ti tal como mereces.»

En el exterior de la carpa, ha caído la noche y en un puesto de madera se sirve champaña bajo un cielo estrellado. Sigo bebiendo con algunos conocidos, el calor de esta noche de verano excita a la gente, es evidente. Cuando hace un par de horas que no he recibido ningún mensaje, llega uno.

«No puedo esperar más, entrégate ahora, ve a tu habitación.»

No entiendo muy bien, pero me dirijo rápidamente al hotel. Me precipito a la habitación, me tiro sobre la cama, él me telefonea.

—¿Quieres hacer el amor conmigo?

Cuando le contesto sí, ya he empezado. Su voz es de una frescura maravillosa. Mi propia voz también está alterada por el deseo. Hablamos muy bajito, como si nos hiciéramos confidencias. He cerrado los ojos, empiezo a gemir. Él no está allá y, sin embargo, está tan cerca, junto a mi oído...

—Coge el juguete y haz lo que te digo, imagina que yo entro en ese momento, ¿estás tumbada de espaldas? Me estiro sobre ti, tus piernas se separan naturalmente, yo chupo uno de tus senos y sólo introduzco en ti el glande de mi verga, porque sé que no te gusta esperar.

—Yo rodeo tu cintura con mis piernas y te atraigo hacia mí.

Hundo el consolador y oigo como él gime también. Noto la llegada del orgasmo y no me resisto a él. Dejo que él escuche mi placer. Sé que, en la otra punta de Francia, él tiene el teléfono en una mano y su verga erecta en la otra.

Me pide que me ponga de cuatro patas y coloque a Joy en la raya de mi culo. Debería haber quitado los anillos del consolador, pues de lo contrario no lograré meterlo, por lo que voy a utilizar los dedos. Mi voz adquiere una cadencia precisa para que Théo me escuche mejor.

—Esto se está poniendo un poco más bestial, te cojo por el pelo...

Su voz es grave e incisiva, le noto más dominador. Percibo todos los matices de su placer mientras él goza. Gime con elegancia y tarda un momento en recuperar el aliento. Me habla de nuevo:

—¿Me estás abrazando, me besas, acaricias mi pelo?

—Sí, ángel mío...

Permanecemos en silencio escuchando nuestras respiraciones respectivas. Me siento sola por un momento en esta habitación vacía e impersonal.

—¿Estás ahí, Théo?

—Sí, estoy recuperándome, estoy bien...

Su voz es casi aérea.

—Tengo ganas de chuparte y volver a empezar.

—Hazlo, yo también tengo aún ganas de ti.

—Paso la lengua lentamente sobre la punta de tu glande, acaricio tu ano...

Noto como recupera las fuerzas por su respiración, me deja hacer.

—Introduzco uno de tus testículos en mi boca, y lo hago rodar en el interior con la punta de mi lengua... Ahora la dirijo hacia el interior de tu ano... Dime si estás empalmado.

—Claro que lo estoy, ponte de cuatro patas y lo verás.

Siento unas ganas intensas y renovadas de él, hablo en un susurro, con voz un tanto aguda. A partir de ese momento, me coloco en el suelo, temía quedarme sin batería en el teléfono y, enchufado, y con toda la extensión que permite el cable, me siento junto a la pared.

—Te tomo de golpe, sin contemplaciones, te aprieto contra el suelo...

—Más, ven, más fuerte...

—Más fuerte, quieres... pues ahí tienes, empujo y empujo...

—Me haces gozar...

—Tú también me haces gozar...

Gritamos a la vez. En las habitaciones contiguas, los miembros de mi equipo duermen, o no, y no verán salir a nadie... Me dejo caer de bruces sobre el suelo, junto a mi está el consolador y el olor del amor. Son las tres de la mañana, estoy satisfecha, ahíta, me duermo con el teléfono en el hueco de la mano.

3

Iremos todos al paraíso

Mercedes Belange

Desgraciado. Egoísta.

Cada vez la misma historia, me abandona. Padre, entiéndame, hago todo lo posible por complacerle. El amor de nuestras almas se reencuentra en el placer de la carne, ¿no?

Dios mío, tengo que confesarme.

Acudo a usted, que tiene la experiencia de la nada que le permite escucharme sin juzgar.

Estoy muy apurada, quiero contarle mi frustración y mi desesperación amorosa por gozar.

El desgraciado. Padre, sé que no me perdonará mis malos pensamientos, pero tengo que decírselo: quiero que me ame como a una virgen, pero ruego porque me folle como a una puta.

Por él, me abro de piernas, me lo depilo todo, no sueño más que en su lengua hundida en mi interior mientras él hurga en mi coño con sus dedos, estoy dispuesta a callarme, estoy dispuesta a gritar con tal de que me folle.

Sueño con que me vea en el cristal y que mi lengua, asomada, le estimule como una invitación a la felicidad.

Perdóneme, Padre, pero me mojo toda contándole estas cosas.

No quiero abochornarle pero, si me quito las bragas, no le impediré escucharme.

Sigo, Padre, porque la desgracia de mi vida es sencillamente esa falta de comprensión del Otro hacia mí.

Por mí, pero también por amor a la vida, por amor a Dios, en cierto modo, estaba dispuesta a todo. Insisto acerca de la intensidad de mi fe, porque es lo que me hace soñar con hombres que eyaculen tiernamente en mi coño abierto mientras una mujerona me ofrece su culo mojado y la visión de sus dos esferas redondas y carnosas.

Imagino que se acaricia lentamente, con los ojos muy abiertos y fijos en mi culo dilatado y sensible a mis gritos impacientes, al acecho de una polla enorme golosamente empapada en semen primero, que me penetrará después como merece una verdadera perra.

Padre, como le decía ayer, soy tan generosa como una puta que amaría a cualquier hombre cuya misión consistiera en tomarla por delante y por detrás, por dentro, por todas partes.

Gracias, Padre, por haberme concedido el don de la palabra.

Esperaba algún regalo maravilloso de su parte, un negro con el glande rosado que chuparía con pudor para tragarme mejor sus cojones llenos antes de dejar que le follara el Otro, por el mero placer de ver su sexo crecer hasta el infinito.

Ese infinito, Padre, en el que queremos encontrarnos todos para experimentar el calor del amor, ese amor que me llena los ojos de lágrimas cuando gozo plenamente.

Me refiero tan sólo al amor al prójimo, sea quien sea él o ella. Lo único que yo quiero es pertenecerle.

Por el Otro, dejaría que me ataran, me amarraran, a merced de mi prójimo, sin sentir nada, habría permitido que me lamieran el coño anhelante y sin rencor. No necesito para nada el amor propio.

Padre, compréndame, por el Otro estoy abierta a todo.

He aprendido a esperar pero mire lo que me pasa hoy, fíjese bien.

Mis senos, cerca de la celosía, están henchidos de ganas de un hombre, sí, Padre, contemple bien estas bellas promesas de humanidad.

¡Oh, Padre!, acérquese a su pecadora para comprender mejor hasta qué punto soy sensible. El afecto que siento por el género humano es tan grande que, por vos, puedo llevaros suavemente al centro del mundo. Padre, noto en vos esa compasión y esa escucha que tanta falta me hacen. Mire por ejemplo si me acaricio ahí, justo debajo de este mata de pelo ya brillante, sí, ahí, Padre, contemple esta bella concha nacarada, si me acaricio pensando intensamente en la lengua de un hombre, por donde pasa la palabra y el placer. Padre, oh, sí, ya sabéis, si movéis un poco la lengua apoyándola bien en mi clítoris, mire, se abrirá y el secreto del nacimiento del mundo se nos revelará.

Si me acaricio un poco más la punta de los senos, que se rebelan y se yerguen buscando guerra, me abro también la boca con los dedos bien mojados y espero la protuberancia. Me deslizo lentamente hacia el núcleo del problema y ahora, Padre, debéis comprender que merezco de verdad un buen correctivo.

¿De verdad queréis que me dé la vuelta? Soy demasiado honesta con vos, mis pecados son demasiado graves y vos clarividente.

Pero si me doy la vuelta, Padre, os presentaré mi culo frustrado. Y si separo bien sus dos nalgas, es para ofreceros el comienzo de una buena discusión.

Aceptad acercaros un poco y os mostraré que a causa del desierto afectivo en el que se me obliga a vivir, me veo obligada a jugar con esta polla ficticia que honro ante vos, la chupo con naturalidad, la beso sinceramente. ¡Oh, Padre!, cómo me gusta lamer los glandes, sentir su piel tensa y el impulso casi salvaje que sienten por morir al fondo de mi garganta. Me encanta acariciar los cojones prometedores y, lentamente, deslizar un dedo juguetón hacia el interior de un culo reticente de hombre en ocasiones demasiado proclive a mantener su virilidad. Pero, Padre, yo sé que el hombre desea también sentir que una fuerza inaudita le toma, le estira, le separa. No sabéis del placer de una caricia ligera sobre la piel enrojecida y temerosa de un orificio mal amado, el anhelo cruel de gritar lámeme, encúlame, ahora.

Por Amor, yo estoy bien predispuesta a ser un hombre. Por locura, quiero ser una mujer.

Padre, vuestros hábitos os pesan, os noto tan receptivo que habéis perdido todo comedimiento.

Permitidme que me acerque para que accedáis a lo más profundo de mi desesperación.

Así es, Padre, ahí está el centro del problema.

Mirad bien, sí, más cerca, sí, ahí, sacad la lengua ahora y lamed, sí, lamed como si esta confesión pudiera desaparecer bajo vuestros repetidos golpes. Sed fuerte, sed bruto, mostradme vuestros instintos primarios y guerreros.

Ahora, lame mi culo, mete la lengua, sepáralo bien. Absuélveme de todos mis pecados de amor, bendíceme con el agua purificada de tu cuerpo virgen. Ven a recogerte en mi boca, está esperando a su amo, quiero tragarme la polla febril y notar la primera gota del arrepentimiento.

Sí, rocíame con tu simiente, sobre todo en la cara, sigue con este vaivén entre mis senos. Quiero gozar acariciándote con una mano y empalándote con la otra.

Comprendes bien ahora, Padre mío, que mi coño es caliente y egoísta. Hay que liberarme con el garrote. De rodillas, padre, de rodillas, quiero que tu verga dura y honesta me explore. Sostenme bien por la nuca, retenme por el pelo, aprieta bien sobre mis riñones, llámame María Magdalena pues, por amor a los hombres, yo te entrego mi alma.

Gozo, Padre, y lo percibo como el eco de mi fe.

Huele, respira el olor del mundo, sí, despacio, ahora que me tienes bien enfilada, ven a tragarte el flujo de la Mujer. Bebe, lame bien por gratitud y por reconocimiento, lame también el interior, chupa alrededor de mis orificios, aspira, aspira al renacimiento.

Regreso, regreso, Padre, me regocijo escuchando vuestra plegaria y bendigo el cielo. Posees la bondad de la inocencia, y quiero dártelo todo.

Puedes tomármelo todo, y yo te perdono.

4

La increíble historia de la máquina de bombear

Valérie Boisgel

Frankie era un muchachito arrebatador de pelo rubio y ondulado, y en sus ojos chisporroteaba la malicia. Su boca glotona dejaba adivinar una sensualidad latente.

En su décimo cumpleaños, su madre le regaló un magnífico camión de bomberos, de un rojo vivo, y una sirena que emitía un aullido que iba en aumento cuando él lo hacía circular a mayor velocidad. Pronto invadió la casa con esos sonidos ensordecedores. También, para calmar a su hijo, le compró unos módulos de Lego. Hay que añadir que las manos de Frankie estaban siempre activas: ya fuera jugando a las canicas, ya guerreando contra invasores invisibles, ya construyendo maquetas de avión. Su madre le dijo un día:

—Cuando seas mayor, hijo mío, serás un manitas, con lo que te gusta utilizar las manos.

Efectivamente, las manos de Frankie, por la noche, no estaban jamás inactivas: bajo el edredón, acariciaban lenta y luego vigorosamente su pequeño grifo amoroso y hacían que de su tierno meato brotara un líquido blanco, lechoso, con perfume de miel y de almendras amargas.

Frankie se hacía mayor. De su infancia había conservado unos mofletes carnosos que daban ganas de devorar a dentelladas, su pelo ondulado, su boca glotona y su mirada maliciosa. Sus manos, que se habían hecho grandes y bellas, recorrían por entero los cuerpos de las adolescentes en busca del fruto prohibido. Sin embargo para Frankie, ese fruto sabroso, ese pequeño albaricoque color melocotón, era el postre más delicioso. Y le gustaba, se deleitaba en él hasta morir de placer.

A las chicas, apenas salidas de la infancia, les gustaba que les comiera el albaricoque, máxime cuando la lengua de Frankie era voluptuosa como la lengua de un gato. ¡A comer!

Le hubiera gustado que los dedos delicados de sus amigas le acariciaran también su grifo de amor, pero ellas no estaban dispuestas. Sea por miedo, por timidez, por temor del pecado o por ignorancia. Así que, en su gran cama de adolescente, el Frankie de esas señoritas se empalmaba como un dios, escupiendo y eyaculando su leche sobre las sábanas de percal blanco.

Frankie se convirtió en un hombre, como se suele decir, un adulto. Seductor, encantador, tierno y acariciante. Las mujeres caían literalmente en sus brazos, o mejor dicho bajo sus manos y su boca acariciantes. ¿Cuántas tuvieron derecho a ese dulce privilegio? Nadie lo sabe a ciencia cierta...

No obstante, en la vida de Frankie permanecía una obsesión que le atenazaba, le lancinaba: ¡su sexo! El poder de ese sexo triunfante, siempre tensado como la curvatura de un arco, dispuesto a dispensar el esperma a los cuatro puntos cardinales, en el vientre de las mujeres insatisfechas, en las gargantas ávidas y abiertas para recibir el sacramento, o en los dedos ágiles o en las manos infantiles. Su divisa consistía en estar erecto, ¡siempre!. Orgulloso y conquistador, como un mosquetero con el florete tendido que, cruzando el acero, ¡provocaba una lluvia de chispas de fuego!

Empalmado con tanta frecuencia, el sexo de Frankie aullaba: ¿Quien desea mi polla, mi pollón siempre dispuesto a perforar vuestros vientres ardientes como el vientre de un volcán? ¡Dejad que vuestras bellas bocas, vuestras hermosas lenguas vengan a mí! ¡Y vosotros, mis pequeños culos de nalgas rollizas, dejaos tentar por mis deliciosas caricias antes de que fuerce vuestros orificios para verterme abundantemente en su interior! ¡Hurgaré en todos vuestros orificios, en vuestras orejas, y ni los agujeros de vuestras narices escaparán a mi frenesí!

Frankie recuerda a menudo lo que le decía su madre:

Cuando seas mayor, hijo mío, serás un manitas.

Y no se equivocaba puesto que, empuñando un bolígrafo, escribía...

y escribía... cuando sus dedos no se habían deslizado con deleite bajo unas braguitas de satén blanco.

Llegó el día en que Frankie se marchó a la bella región de la Drome, con cuatro de sus amigas, para cumplir con una misión muy particular: realizar un documental educativo en tres días y tres noches durante las que ellas debían hablar de sexo: ¡el cómo, el porqué, la facilidad, el misterio, lo desconocido, lo mágico, la apoteosis, la espera, lo prohibido, el análisis del coito, el psicoanálisis del orgasmo! ¿Tiene sexo Dios? ¿Y si Dios fuera una mujer?

Sus amigas sentían una gran ternura y amor por ese hombre que había conservado sus mofletes regordetes de la infancia. Era todo un osito de peluche. ¡Les entraban ganas de abrazarle muy fuerte y de dormirse junto a él, chupándole el pulgar! Pero Frankie no quería que fuera su pulgar el que estuviera en la boca de sus bonitas amigas. Lo que codiciaba tener en las bocas que le sonreían era su polla, su cipote, su rabo, su tranca, su espuela, erguida alta y fuerte.

Durante una dulce velada bajo un cielo de azur a una de sus amigas se le ocurrió la idea de ofrecer regalitos llegados de Suiza para festejar la amistad y la ternura que se derramaban como leche con chocolate. Bajo el cenador, entre los olivos, con los gritos silenciosos de las golondrinas que efectuaban una verdadera danza aérea mientras cazaban al vuelo los moscardones sobre el fondo de las colinas azuladas.

Dispusieron los regalos sobre una mesa larga, cada uno y cada una los iba tomando al azar... ¡y hay que decir que, en aquella ocasión, el azar hizo muy bien las cosas! Único hombre a bordo, Frankie recibió un extraño objeto que le dejó perplejo durante algunos segundos, aunque comprendió rápidamente: era un nido de amor, un manguito rosa fluorescente en el que podía deslizar voluptuosamente su verga hambrienta y siempre insatisfecha. La particularidad de esa garganta profunda y peluda consistía en que, en el interior había un minúsculo motor que ponía en funcionamiento un vibrador que procuraba placeres tan intensos como solitarios. ¡Que no sea por no intentarlo! Esa misma noche, tumbado en su gran cama desierta, Frankie hundió precavidamente su sexo en el orificio rosa fluorescente, accionó el botón... y se durmió como un bendito acompañado por el dulce ronroneo del vibrador.

La máquina diabólica estuvo toda la noche amasando, masturbando, triturando y chupándole la cola a Frankie. Y su sexo estuvo toda la noche eyaculando... eyaculando...

Sus sueños fueron de la misma voluptuosidad... Se veía a sí mismo, soberbio y generoso, con el sexo triunfando en un harén de mujeres desnudas, con los muslos abiertos, los culos tendidos, las bocas babeantes, los dedos expertos. Pasaba de una vagina a otra, de un culo a otro, de una boca a otra, repartiendo incesantemente su leche, que manaba de él como una fuente de juventud...

La historia cuenta que, nueve meses después, la tierra se pobló de más de 974 niños... del bello Frankie.

Y durante ese tiempo, en las profundidades de sus sueños afrodisíacos, la máquina infernal bombeaba... bombeaba...

Frankie tuvo otro sueño de lo más sorprendente: era general de un ejército napoleónico al borde de la derrota cuando, tras haber contentado a su jefe supremo, nutrió a sus tropas hambrientas con su esperma vivificante y ganaron la batalla: estaban en Waterloo, que ya no era una llanura desapacible sino una llanura poderosa... Qué cosas puede uno soñar..., pensaba en su sueño.

Y mientras tanto, la máquina bombeaba... bombeaba...

Cuando el sol salía de su aureola, los pájaros cantaban el nacimiento del día y los últimos jirones del alba se difuminaban en la colina... Frankie emergía de su noche voluptuosa. Intentó abrir un ojo, ¡pero tenía los párpados pegados! Pensó que había cogido un resfriado... Quiso estirarse, pero sus brazos parecían pegados... Le entraron ganas de bostezar, y un chorro de esperma salió de su boca y tuvo que tragárselo...

Presa del pánico, se despertó de golpe: su cuerpo estaba rodeado de un limo pegajoso, una materia viscosa, olorosa, que se iba solidificando poco a poco. Tardó algunos minutos en comprenderlo. El ronroneo del vibrador le devolvió a la realidad: la máquina de bombear seguía bombeando con una eficacia garantizada por el modo de empleo. Le estaba vaciando de toda su simiente metódicamente... incesantemente... Esa marea creciente inundaba su cama, y la máquina bombeaba... bombeaba...

Al borde del pánico, Frankie intentó razonar, concentrarse para hallar la manera de salir de ella. Si al menos pudiera detener esta máquina satánica... ¡Es como si fuera a convertirme en un cirio gigante capaz de satisfacer todos los conventos de Italia! pensó, ya que, pese a lo dramático de la situación, seguía conservando su humor negro.

Si consigo incorporarme, podré llegar a la puerta y pedir ayuda a las chicas... Con un esfuerzo sobrehumano, se dio la vuelta en la cama y se puso en pie, con el colchón pegado a su espalda, ¡como un bloque de helado caliente de vainilla! Le sobresalían los pies y pudo llegar a pequeños saltitos hasta la puerta, que estaba apenas entornada. Su bloque de esperma aún gelatinoso salió de la habitación, temblequeando.

La primera de las chicas que se despertó fue la más tímida. Al oír un ruido extraño que hacía floc, floc, floc... abrió los ojos, ¡y emitió un grito de terror! Vio un monstruo horroroso que, no se sabe porqué, le recordó a Frankenstein... Sus gritos hicieron temblar las paredes de la casa, el bloque gelatinoso y a sus amigas saliendo de los brazos de Morfeo...

Con los ojos desorbitados, abrazándose las unas a las otras, desnudas, tan desnudas que recordaban un cuadro de Renoir, vieron que el monstruo daba un paso al frente. Recularon hasta dar con la pared, aterrorizadas. La que mostró mayor sangre fría fue la amiga suiza. Reflexionaba a toda velocidad, observando aquella cosa... ¡Le pareció ver la silueta de un hombre en su interior! Y entonces, haciendo acopio de valor, se aproximó... Tocó con un dedo esa materia viscosa, desconocida... la olisqueó... le pareció reconocer un olor particular... y luego estalló en una carcajada:

—¡Es Frankie, Frankie está ahí dentro! Pero, ¿de dónde sale toda esta...?

Lo entendió rápidamente: la máquina de bombear seguía bombeando... ¡Estaba a prueba de averías! ¿Cómo sacar a Frankie de su picota de leche? Tendió nuevamente la mano y, con un gesto vivo, arrancó un pedazo de esa materia pegajosa.

—¿Sabéis lo que debemos hacer, muchachas?

Se colocaron las cuatro alrededor del bloque... de entrada tímidamente y luego, presas de un frenesí ante todo ese esperma, se abalanzaron sobre él arrancando, mordiendo, lamiendo, chupando, aspirando, devorando... y consiguieron extraerlo por fin. Algunas aprovecharon para hacerse mascarillas de belleza con él, otras una suerte de baño corporal, otras lo embotellaban, nunca se sabe...

Cuando la mano de una de esas jóvenes pudo alcanzar el botón de la máquina de bombear, cortó de raíz el vertido de esperma de Frankie.

—Ah, porqué no inventarán una máquina como esa para nosotras, las mujeres —suspiró una de ellas con la boca llena.

En cuanto a Frankie, agotado, vacío, drenado, se refugió en un monasterio para profundizar en el sentido de la vida.

5

Françoise

Sophie Cadalen

Françoise coge el objeto. Lo frota, lo palpa, lo dobla. Lo siente. Olor a coche nuevo, dice ella, bromista y haciendo una mueca. ¡De acuerdo! Lo probará esa misma noche. ¿Esa noche? Para qué esperar... Se dispone a hacerlo en ese mismo instante, les dice a sus amigas partidas de risa. Y envidiosas de tal audacia, o de su predisposición a ir siempre en busca del placer, encarnado ese día por ese consolador.

Consolador no es el término exacto. No es una imitación de un falo, escultural e irreal, lo que Françoise enjabona en el fregadero de la cocina. Ciertamente, es largo y concebido para penetrar. Pero con una intromisión como cortada en etapas: un primer tramo, luego un segundo con mayor volumen, y un tercero aún más grueso, y así hasta seis niveles. ¡Ideal para el *fist*...!, clama Françoise ante su tierna y querida, escandalizada amiga a la que le encanta ruborizar... forma parte del juego entre ellas. Puesto que ese vibrador, aunque no se llame así, se introduce en el culo. De ahí esa estructura progresiva que permite que el ano compruebe sus capacidades, y sus límites. Para superarlos mejor.

En realidad, este objeto parece «un montón de zurullos», se dice Françoise en la intimidad recuperada de su habitación. Es de un color oscuro, evocador ya de las oscuridades que explorará y de su resabio de entrañas. Y su estructura de montoncitos, pegados los unos a los otros y separados por un estrechamiento, es símbolo de la mierda con que se va a encontrar, y de las ganas de cagar que provocará.

Cuanto más contempla el objeto, más ve Françoise en él la sublimación —fallida— del recelo de los intestinos y de su próximo vaciado. Una sublimación fallida por excesivamente explícita, excesivamente imperativa, excesivamente melancólica...

...¿Melancólica? ¡Françoise no lo estaba cuando tomó el objeto y se prometió explorar todas sus posibilidades! Pero su irónica negrura, su amontonamiento de zurullos de plástico y ese p... olor persistente a coche nuevo... Tantos detalles que han transformado insidiosamente ese ritual de paso obligado, y deprimente.

Pero no hay que permitir que un objeto triunfe sobre la ley del placer —y únicamente del placer— que se ha fijado Françoise. Ya ha tenido ocasión de manipular numerosos juguetes de los que se da en llamar eróticos. Se ha divertido comprobando sus promesas y descubriendo e inventado nuevas. Denunciando las insuficiencias que la devuelven, encantada a su vez, a los brazos de un amante. Ha jugado sola y en compañía, jamás intimidada por la forma o la materia, y mucho menos por la obligación de tener que utilizarlo correctamente. ¡No! Transgrede el modo de empleo, modifica intencionadamente su función, no se deja impresionar. Su goce es su ley, sus ganas su única guía, y ¡quien me ama me sigue!, grita jubilosa blandiendo el objeto convocado a retozar.

Hoy el objeto la amenaza. Hace una hora, parecía de lo más inofensivo. Parecía un pedazo de silicona que podía deslizar entre sus nalgas, o en el interior de una vagina estimulada por la pajita que, sin duda, se habría ofrecido a modo de preámbulo. Programa que ella había evocado alegremente ante sus amigas, que se lo habían ofrecido como regalo de cumpleaños. ¡Como es nuevo y seguramente aún no lo has utilizado...!, habían bromeado ellas entre risitas mientras Françoise desenvolvía el paquete.

Pero ese consolador que no se llama consolador no es amable, no es bueno. No, no es nada bueno. Es una observación un tanto idiota, se dice Françoise, que no es una gran consumidora de los términos amable o «bueno». Pero ese cilindro negro con forma de zurullos amontonados no transmite bondad. Ella lo percibe. Es lo que el objeto en sí le susurra. Porque le habla. La mira, incluso. Era una masa gelatinosa ante sus amigas. Delante de ella, a solas, es rígido y severo, tan poco amable y amoroso. No es bueno... La idea zumba en la cabeza de Françoise y le roba todas sus fuerzas.

Se siente triste en presencia de ese objeto. Y también tiene miedo. No puede negarse a obedecerle. No puede, porque no tiene derecho a ello. Porque él es más fuerte, y ostenta todos los derechos. Los demás objetos, de haber podido hablar, le habrían dicho: ¡Ven! Introdúcenos en tu interior, chúpanos y frótanos contra tu cuerpo... Ven, cariño, ven, mi cielo, y echa a volar. Éste no murmura palabras que inviten. Este no habla de futuros goces traviesos, de promesas de delicias ni de cuerpos saciados. Este objeto, este objeto negro la riñe: No me mires así, ¡¿quién te ha permitido una insolencia tal, lagarta?! Este objeto le ordena: Túmbate sobre tu vientre y levántate el camisón. Y si lloras, si gritas, te castigaré más aún. Así que cállate. Demuéstrame que, por una vez, puedes hacer el esfuerzo y comportarte. ¡Y para de gemir! No eres buena, Françoise, eres tú quien me obliga a tratarte así. No lo olvides. Todo esto lo hago por ti. Si te corrijo y te enseño cómo es la vida, es por tu bien. Ahora, ve a la cama...

Françoise contiene las lágrimas. Y los gritos. Y su miedo. Así como su enfado. Había ponderado ante sus amigas las virtudes del lubricante, que hacía que cualquier intromisión fuera de una suavidad maravillosa. En esta ocasión no lo utilizará. Porque no es buena. Porque merece el dolor que el objeto, cuando ella lo desenvolvía, ha provocado en el interior de sus entrañas, de su culo...

Françoise se tumba. Como antes. La gimnasia ya no es nada lúdica. Tiene que interpretar los dos papeles. La que sufre es ella. Y también lo es el brazo de quien la castiga. Y que tiene razón, porque ella no es buena. Sus nalgas están crispadas. Todo en ella se resiste al objeto y su amenaza. Y todo en ella, a la vez, reclama esa violación y el sufrimiento que la acompaña. El vibrador se agarra a sus carnes, como si se retuviera a las puertas de la mujer antes de hundirse en su ano. Su ano en sí es una boca que grita «¡No!» y que ordena «¡Adelante!».Y Françoise, de bruces, se contorsiona para retener su brazo y para apartar el objeto rápidamente lejos de ella. El objeto que sabe que ella no es buena... Y como la lucha está demasiado igualada, y el adelante no se inclina del lado del fuera de aquí, la pelvis de Françoise acude en su ayuda. O precisamente en bien de su derrota. La cara se aplasta sobre la almohada, con la espalda tan combada que le duele, la pelvis de

Françoise golpea el objeto con una mueca de dolor. Tiene que entrar, ella debe sufrir. Porque no es nada buena...

Cállate, cállate... susurra el objeto golpeando su esfínter. Cállate, cállate, sé buena... le amenaza forzando e insistiendo. Shhh, shhhh..., sigue riñéndola cuando la desgarra y la atraviesa. Y, como siempre, Françoise no es buena, porque Françoise llora sobre la almohada, que muerde para no gritar. Y el espectro negro se hunde en ella, arañando cada poro de su epidermis, destruyéndolo todo. No hay jugos, ni miel para alisar el paso y suavizar su tarea. Ella no es buena, no es nada buena..., dice con su voz que, cuando más dentro de ella está y más dolor le causa, más escalofriante y extraña es. La voz autoritaria se vuelve suplicante, casi tierna. Más amenazante aún.

No es buena... no es buena..., dice el monstruo destrozando la integridad de Françoise, su intimidad, irritando para siempre jamás —cree ella— las carnes que le recordarán durante mucho tiempo su maldad. Pero cuando el monstruo acelera su candencia y la hace sufrir aún más, Françoise se evade para no escuchar el horror de su nombre ¡Françoise!, amorosamente pronunciado. Lastimosamente. Jamás un amante, en su larga vida de mujer, había sido autorizado a gozar clamando su nombre. Su nombre mancillado para siempre jamás por esa mierda que el guardián de sus tinieblas iba arañando. Una mierda que Françoise, horas después del castigo, expulsó dolorosamente, mezclada con unos hilillos blancos que no dejaban de ensuciar sus bragas.

Retorcida por el dolor sobre su cama —dolor de su vientre, de su ano en carne viva, de sus recuerdos olvidados que un pedazo de plástico ha rescatado— Françoise, por sufrir ferozmente y al diapasón de su rabia, agarra el aparato y lo arroja contra la pared de su habitación.

Desde el suelo, incansable, sigue contemplándola. Le murmura aún lo que, decididamente, ella no quiere escuchar de modo alguno. No eres buena. Fíjate que hasta te gusta cuando papá se ocupa de ti...

6

Más lejos que el infierno

Cléa Carmin

Para Frank.
Para su desafío: ¡Véte a dónde no quieres ir!

Es mi perro. Como siempre, me ha seguido con entusiasmo. Me avergüenza, me avergüenza tanto. Y me da miedo, un miedo infinito.

Nuestro idilio —nuestra pasión— mi locura empezó seis días atrás. O tres meses. A menos que no comenzara hace tres años.

Hace seis días, hiciste que viniera un operario a instalar una cámara de vigilancia. Le diste instrucciones y me confiaste la supervisión del trabajo. Te habías marchado a negociar un contrato importante al extranjero. Asistí a la instalación del sistema de video en el sótano, con proyección en la primera planta, sobre la pared blanca del salón, a través de un ordenador. La sala barrida por el ojo electrónico parece inmensa en su reflejo aumentado sobre la pared gigante de la estancia.

Hace tres meses, me presentaste a tu mujer. Yo iba a ser vuestra criada. Le dijiste que me amabas. Pero que a ella la querías más. Se lo probabas ofreciéndome a ella. Podía utilizarme como quisiera.

Hace tres años, me invitaste a tu oficina con objeto de discutir un manuscrito que yo te había enviado y que tú te planteabas publicar. Llegué flotando en la irrealidad, fascinada ante la perspectiva de reunirme con un editor y aterrorizada: quería convencerte, estaba dispuesta a todo, quería ser escritora.

Nuestra entrevista se desarrolló de un modo sorprendente. Nada que ver con mis temores. Tú estuviste encantador, cálido, animoso. Revisaríamos mi texto juntos. Le faltaba estilo —nada grave— y había que replantear algunas escenas. Estabas dispuesto a ponerte al trabajo porque me veías motivada. Salí de ahí con una nueva fecha para vernos, una esperanza desmesurada y una confianza ciega.

En realidad, sí, todo empezó en ese momento. Quizás incluso un poco antes, cuando tú recibiste mi manuscrito. Pero tú no tienes porqué contar nada, ni explicarte, justificarte.

Reescribiste mi texto a lo largo de dos años. Al ritmo de un encuentro por mes, que no se podía soslayar bajo ningún pretexto. Me dabas a leer un libro distinto al final de cada entrevista. Se suponía que el libro debía explicitar tus expectativas respecto de mi escritura. Ingresé en el mundo de la sumisión sin comprender que tú no estabas trabajando en mi estilo, o apenas. En lo que estabas empezando a influir era en mi alma. Evocabas el talento de los escritores que yo devoraba, ávida de progresar. Y tal vez aprendí realmente a escribir a través de ellos. Pero la simiente que tú plantabas iba a germinar en mi espíritu, a invadirme, a paralizarme, a explotar en mi cabeza. Llegué a ti con ambiciones de autora, y tú me modelaste según tu idea de mujer. A los elogios, añadías siempre un pero, ponderaste las virtudes de la humildad antes de deslizarte, poco a poco, hacia la humillación. Esa novela, un tanto romántica y sentimental, en la que tú habías reconocido cierta intensidad a pesar de sus torpezas, se convirtió en borrador de ineptitudes que reescribimos completamente. Mis correcciones no estaban jamás a la altura de tus expectativas. Tuve que soportar tus críticas, aceptar las intransigencias, sufrir tus castigos. Te los agradecía antes de reclamártelos, de esperarlos.

A través de las obras de referencia que me confiabas, comprendí rápidamente que había emprendido un camino de dolor que me haría crecer. Abracé el SM como se entrega una a Dios, con la misma fe, una fiebre igual de fervorosa, una locura mística. ¿Buscaba a un editor o a un hombre capaz de poner fronteras a mis excesos? El pretexto no tiene ya importancia. Yo te necesitaba y tú lo habías sabido antes que yo.

Mi libro se publicó. No tuvo eco alguno, ni suscitó ninguna crítica ni sedujo a ningún lector. Se imprimió, pero no se distribuyó, no se expuso ni se vendió. Dos mil ejemplares siguen aún metidos en cajas de cartón amontonadas al pie de tu biblioteca. Abriste las cajas, y veo las tapas brillantes, en negro, blanco y rojo. Bajo el título *El Infierno es aún peor.* Mi pseudónimo, que elegiste tú: Xian y la fotografía de una euroasiática andrógina, con los brazos encadenados sobre su rostro macilento y sorprendido a la vez.

Nadie me leerá jamás, pero existo tal como me soñaba, a través de las palabras, mis palabras inclinadas sobre el papel de una obra encuadernada. El libro no es más que el testimonio de nuestro encuentro, de ese descenso que inicié —¿tocaré el fondo, algún día?— hacia el infierno y tú te adentras más en mi interior, siempre más profundo, siempre más doloroso, cada vez más perverso.

No entraré en los detalles de este ritual de adiestramiento que transforma a una mujer en sumisa. Los libros que marcaron mi transformación lo describieron demasiado bien como para que yo me esfuerce por transcribir aquí estos tres años dedicados a endurecer mi cuerpo a golpes, a someter mi independencia a tus deseos. Del cachete en la nalga al látigo, de la fusta al disciplinas, a las cadenas, a las agujas, al hierro, al fuego, yo soy tuya, bendigo el dolor que me impones, imploro tu crueldad, lamo tus pies, tus botas, tus fluidos, tus excrementos. Te bebo, te como, te venero.

Desde hace tres meses, sufro la tortura y los celos de tu esposa. Hasta ese punto te amo. Hasta el extremo de su odio cruel. Soy su asistenta, la que la viste, la que la peina. No me ahorra ninguno de los detalles de vuestra vida amorosa y sexual. La acompaño al lavabo, debo lamerla cada vez que vacía su vejiga o sus intestinos. Peor aún, se ofrece a mi lengua después de que tú la hayas poseído. Me obliga a recoger tu esperma. No la he saboreado jamás sobre mi propio cuerpo y la descubro así, mezclada con el placer de mi rival.

Tu ausencia me ha liberado de una prueba tan espantosa. Y, sin embargo, no me regocijo por ello. Te añoro infinitamente. Sean los que sean los castigos, les temo menos que a este vacío que me corroe mientras te espero.

Hoy es domingo. Regresas al mediodía. Tu mujer me ha despertado esta mañana a las cinco para hacerme bajar, desnuda, al sótano donde ella me ha encerrado con mi perro. Me ha dicho que vendrías a vernos hacia mediodía. Te espero. No sé qué hora es. No hay ninguna abertura al exterior. Mi sed me hace notar que el tiempo pasa. Mi sed y la tensión de Lascar, mi labrador. Se agita, gime, quiere salir de aquí.

El tiempo se ha detenido. A solas con la espera, paso la mano por la cabeza de Lascar. La acaricio. Le hablo de ti, de mi amor inmenso, de tu presencia perpetua, de mi carencia y de mis esperanzas, de tus ojos, sólo tus ojos que me hablan, que evocan ese deseo que se eleva entre nosotros sin que me toques jamás, sin que me roces. Cuando estás conmigo, la calidad del aire cambia sobre mi piel. Me miras y me fundo. De miedo, de aprehensión, de angustia. Le confío a mi perro todas esas emociones que me has ofrecido, esta tensión que aumenta hasta el paroxismo, hasta esas llanuras en las que no me he aventurado jamás, allá donde el juego se desliza hacia el horror, y luego hacia el placer, cuando el dolor me trasciende, cuando cambio de dimensión, cuando floto en una felicidad total, cuando el infierno deviene el paraíso.

Lascar se impacienta más que yo. Se queja. Sus tímidos aullidos de lobo expresan su incomprensión. ¿Por qué no respondo a su evidente demanda? Quiere salir. Como el buen perro educado que es, reclama su paseo, tiene que hacer sus necesidades. Intento calmarle, calmarle con mis palabras. Sé muy bien que no puede entenderlas, aceptar nuestros códigos, abstenerse de mear, de cagar hasta que estalle su vejiga, sus intestinos, por el mero hecho de que tú hayas dicho:

—¡Espera!

Pobre perro. Da vueltas y más vueltas y al final no puede más, lo más lejos posible de mí, se agacha y se suelta. De pronto. Tiene la cabeza baja, la mirada avergonzada, lastimera, infeliz como cuando, cachorro, se aliviaba sobre la alfombra de la entrada.

El olor execrable me ha devuelto a la realidad. En este lugar cerrado, las deposiciones caninas tienen una intensidad infinita. El olor pestilente lo ha invadido todo. ¡Apesta como nunca antes! Me entran náuseas, me ahogo. Intento tragar aire. Sólo se trata de una prueba más, la superaré. Como he superado tantas otras. Respiro más despacito, como para acostumbrarme al hedor. Trago el aire a poquitos, con un hilillo de veneno olfativo, y me voy acostumbrando poco a poco, venzo el asco, la repulsión, las ganas de vomitar. Reposo la mano sobre mi compañero que reclama mi perdón, que se disculpa por no haberse podido aguantar, por no haber podido esperar un poco más. Siento el acicate de la rabia. Te lo reprocho, por espacio de una fracción de segundo, me sublevo ante tus exigencias que implican la inocencia de mi confidente, del ser que me consuela, de este ser que me lo da todo sin exigir jamás, y que tu sacrificas en el altar de tu dominación.

La llave gira en la cerradura. Mi corazón da un vuelco ante ese ruido metálico tan familiar, percibido como una liberación y que tú realizas para remitirme a mis suplicios girando el pestillo en sentido contrario. Pero no, la puerta se abre, apareces. El perro mueve la cola, se acerca a ti para agasajarte y tú le atizas una violenta patada en el flanco que le arroja a la pared de enfrente, donde se estampa. Se me escapa un grito. ¡Y tú me asesinas con la mirada!

—Esto no es nada. Le castigaré cuanto me plazca. Le enseñarás a poseer tu cuerpo. Yo le enseñaré cómo tomarte. Sé que para ti es muy difícil. Tanto, que nunca me has hablado de ello cuando evocamos juntos esta escala de la sumisión en la que te estás educando... He notado tus movimientos, apenas perceptibles, cuando asistes a las escenas de zoofilia que te he obligado a contemplar. Sólo a contemplar. Quería conducirte hasta esta experiencia última: un perro, sí, pero no un perro amaestrado, no un animal extraño. Tendrás que empezar a pensártelo. Entre la mierda, entre los orines. Os daré de comer y beber. Querréis aguantaros, pero el perro no podrá. Tendrá sed, tendrá hambre. Tu también. Te aconsejo que bebas y comas... y que te decidas cuanto antes, por su bien. Sé cuán compasiva eres con las bestias, especialmente con Lascar. Pero él lo disfrutará. Te quiere... Saldréis de mi sótano cuando el perro haya gozado. Estaré en el salón con mi mujer. La azotaré durante vuestro coito. ¡Estará encantada!

Estoy postrada. Pasan las horas demarcadas tan sólo por las tres deposiciones de Lascar. Yo he terminado por mear sobre su mierda. El ácido úrico me irrita la garganta, la nariz. Sé que el tiempo es cosa mía. Que él aguantará, y que yo lo sufriré tanto tiempo como lo resista. Así que me decido. Acaricio el vientre de Lascar que se tumba de costado, me ofrece su piel, allá donde su pelo es más fino y menos numeroso. Como le ocurre a menudo, tiene una erección espontánea e inocente. Deseo animal, pulsión por esta dueña —sórdido doble sentido— que sigue siendo todo su universo, su ley de la que nunca he abusado hasta hoy. Le froto, le toco, le aprieto... Su polla asoma al exterior de su vaina, como una vara rosácea de lo más indecente, reluciente, brillante sobre el pelo oscuro. Sé que tú ya estás sonriendo. Nos ves. Te congratulas de mi capitulación. Tu mirada me anima. Debo continuar.

Sostengo la polla de Lascar. La estrujo a la vez que empujo el cuerpo de mi perro para que se ponga de nuevo a cuatro patas. No lo entiende. ¡Me vuelvo mala! Violenta, del dolor que tu deseo le impone a mi alma. Golpeo a mi perro que se incorpora, atemorizado, movido como por un resorte. Me acerco a él. Tiembla, se mea de miedo. Recupero el aliento y espero a que el perro se calme... me deslizo debajo de él. Froto mi grupa contra su vientre. Me contorsiono para expandir mi sexo. Debo insistir, acariciarle de nuevo: la erección ha desparecido bajo el efecto de mi enfado.

Salivo. Y escupo en mis dedos. Me mojo. Humedezco mi vulva, me exploro. Estoy agarrotada, crispada, tensa. Paso mi mano sobre mi boca, suelto mis babas en la palma de mi mano, agarro la polla de Lascar en su vaina pegajosa. Me retuerzo para acercar ese sexo a mi raja crispada. Me concentro. Percibo tu satisfacción, ahí, arriba, mientras fijas la mirada en la pared donde tiembla la imagen de un perro pegado a mi cuerpo. Sus patas delanteras están crispadas en torno a mi cintura. Jadea y de su lengua caen gotas de saliva sobre mi espalda. Me introduzco su pequeña polla, fina y dura. Y, de pronto, la escena se me escapa. Mi perro me cubre. Su lomo realiza un movimiento espasmódico de vaivén, de embestidas bruscas. Intenta morderme. Sus colmillos rozan mi nuca. Oigo el ruido del entrechocar de su mandíbula. Se desploma sobre mí y el movimiento cambia. Se acurruca junto a mi costado. Le noto en el interior de mi vagina que late al compás de tu deseo de mirón satisfecho cuando el perro se corre.

En ese instante, el grito de tu mujer resuena en el sótano. La has azotado con la furia del vencedor. No sabía que el sistema perfeccionado de vigilancia te permitía enviarme sonidos. Estoy en el interior de una campana, asordada por los lamentos de tu mujer, a la que debes de estar fustigando con el disciplinas. La verga de mi perro está moribunda, abrumada por las contracciones de un orgasmo irreal: gozo, más allá del bien y del mal, del placer y del horror, a la orilla del abismo, diosa expiatoria de un amor grotesco y grandioso.

7

Mi corazoncito

Margaret Cartier

—Cass, la diferencia entre tú y yo es que tú partes de la idea de un juego. Un juego que cesa de vez en cuando y se reanuda en otros momentos. Por eso te parece secundario contar con la complicidad de la gente normal. Cass, tienes que saber que cambiarás. De verdad, Cass. Te volverás irreconocible. Tu actitud de sumisa, no la tendrás únicamente cuando estemos a solas, Cass, sino también en público. Tendrás que lidiar con la imagen que eso transmitirá de ti. Los que te habían conocido antes no reconocerán a su Margaret, debes tenerlo en cuenta, Cass. Esto no es un juego, Cass... No he venido a jugar...

...Baja los ojos ahora, Cass, ya me has mirado bastante.

Obedezco. Echando la cabeza para atrás y respirando hondo. Esa mirada que hay que bajar o alzar según las órdenes me resulta un suplicio. Empezó a forjarla con el usted. Hasta los detalles más nimios debo contarlos —es más, acabo de hacerlo— refiriéndome a usted. Y ahora los ojos, ahora la emprende con los ojos. ¡Ah, claro, no lo hace todo de golpe, no, se toma su tiempo! Tampoco se hizo el mundo en un día. Además, me recrea usted según su ritmo.

Ocurre siempre en las circunstancias más anodinas, como una simple conversación del Messenger. Una vez fue:

—Cass, ¿te puedo pedir una cosa?

—Sí, Marqués.

—Cass, me gustaría que cuando nos veamos te arrodilles y me beses la mano derecha. La que te hará daño.

Lo hice y la mano no me hizo daño. Ese día no. Pero... lo hecho, hecho está. Su mano derecha se armó solemnemente... si se puede decir en este sentido.

En otra ocasión, fue que debía escribir Marqués, no señor marqués. Me lo autorizaba con los demás, pero respecto a nosotros, era Marqués y a veces señor Marqués.

Ayer, fueron mis ojos:

—Cass, cuando me hables, o me miras o bajas los ojos. No me mirarás de lado.

—Sí, sin duda, así lo haré, pero es tan humillante para mí. Todo lo tengo en mis ojos. Todo. Si debo bajarlos, es —¿cómo podría decirlo?— como si pusiera bajo llave las tres cuartas partes de mi léxico. Tres cuartas partes a las que ya no tendré acceso. Debería contentarte con las simples palabras. Que en cualquier momento puede restringirme también. Me da rabia sólo de pensarlo.

Quiero ir hasta el límite de mi sueño. Pero, ¿cómo esperarlo cuando no quiero emprender el único camino que me conduce a él, la obediencia? No quiero obedecer.

—Ya lo lograremos, Cass. Ya verás, no será tan difícil.

Lo detesto, lo que más odio en este mundo es ese modo en que me anexa usted a sus decisiones. Según usted, existo tan poco, cuento tan poco, que me anexa usted, me engloba en su nosotros que, disecado, no contiene más que su voluntad.

Estoy arrodillada delante de usted. Tengo la mirada más que baja, porque tengo la cabeza entre mis manos. Lloro, encogida de dolor.

—No eres un caso muy complicado, Cass. Solo que hay que evitar las prisas. No es que tengas muchos argumentos contra mí, pero te gusta predisponerte en mi contra. Tú eres así, Cass, pero nos arreglaremos. Conoces bien la naturaleza de nuestra relación. Sabes que tengo todos los derechos. Y tú ninguno. Te gusta hacerme perder el tiempo, en lugar de obedecerme de inmediato: eso te proporciona una ilusión de libertad. Cass, escucha, angelito mío, escucha bien: aunque quisieras poner punto final a nuestra relación, yo no te dejaría partir ahora. Soy de los que terminan lo que empiezan. Y yo lograré reducirte a tu más mínima expresión antes de dejarte. Me tomaré todo el tiempo que sea necesario. Me tomaré mi tiempo. Mi tiempo, no el tuyo que consiste en sembrar nuestra ruta de pequeños errores ridículos con el fin de provocar digresiones que no merecen ninguna atención. Quiero, y conseguiré apoderarme de tu esencia, Cass. Tocaré tu alma y mi alma dominará, someterá a la tuya. Contigo, a quien tanto te gusta hablar de vida anterior, ¡terminaré el trabajo que no pude finalizar hace mil años!

Luego sonrió.

No es habitual que tenga usted monólogos tan largos. Pero, en este caso, no puedo interrumpirle porque estoy de rodillas ante usted, sollozando lágrimas de dolor. Sigue explicándome porque habría podido ser todo más sencillo, si evitara provocarle. Olvida decir que, aunque no le provoque, me hace daño. Por su propio placer.

—Cass, no me mires, Cass.

Me echo a llorar otra vez, y usted se eleva lentamente, me alza y me hace entender que debo estirarme en el sofá. Ahí, se sienta sobre mi pecho y me bloquea ambos brazos, con las rodillas a lado y lado de mi cabeza. Inútil debatirme con la parte baja del cuerpo, cuando usted controla la alta. Saca un frasco de su bolsillo, me abre un ojo y, con un movimiento rápido, aplica una gota en mi ojo. Luego se incorpora de nuevo para contemplar su trabajo.

Grito, me agito de dolor. Soy presa del pánico y tanteo desesperadamente, cruzando el aire con palos de ciego. Ha movido todos los objetos con los que podría chocar. La sensación del ojo no es de escozor, sino como si me hubieran dado un puñetazo en el ojo. ¿Qué me echado?

—Cass... Ponte de rodillas, Cass.

Obedezco en el acto. Su voz es serena, juvenil, con algo de amenazante que me da escalofríos. Determinada. Y yo estoy sola con usted. Sola y cegada. En realidad, puedo abrir los ojos pero se cierran con un movimiento reflejo ante el dolor.

—¿Qué me ha echado en los ojos? Grito a través de mis lágrimas.

Como toda respuesta, noto que su mano acaricia mi cabeza. Traducción: Cálmate, pequeña, relájate o empezaré de nuevo.

—Me va a matar.

—No, te haré daño, Cass. Un daño horrible. No grites, Cass.

Le gusta tenerme al corriente de lo que vamos a hacerme. Le complace que destile dolor. Y obligarme a contenerlo.

—Marqués, tómeme en sus brazos.

Siento que sonríe. Conoce bien esta faceta esquiva. De momento, nada de sostenerme en sus brazos. Está usted ocupado haciéndome entrar de nuevo en la cabeza y será cuando usted quiera, dónde usted quiera y, sobre todo, por encima de todo, SI usted quiere.

—Marqués, me duele el ojo. Me duele, Marqués.

—No te muevas, Cass, no te muevas más.

Lo intento. ¿Lo logro? No moverme implica contener la respiración. Así que respiro mal, y me ahogo. ¡Oh! Me gustaría que se terminara todo esto. Me gustaría que nada de eso hubiera ocurrido jamás. Me gustaría estar con usted... normalmente.

Noto que me ata las manos, con lo que parecen ser unas esposas de tela muy largas. Tengo la manos atadas pero con un margen amplio de juego, de unos 70 centímetros.

Me habla usted de nuevo.

—Tienes que comprender, Cass, que no nos interesa que te emancipes. Estoy aquí para enseñarte a obedecer. Tengo tiempo de sobra, Cass, ya lo sabes.

—Nunca he tenido la intención de emanciparme, Marqués. Yo pertenezco al Marqués.

—Al señor Marqués, Cass...

—Señor Marqués, no pretendía...

—Cass..., responde sólo cuando te lo autorice. No hables más... Puedes suplicármelo cuando quieras decir algo. Me gusta oírte suplicar, Cass.

No digo nada más. No suplicaré más.

Me agarra por el pelo y me hunde la cabeza en el sofá, donde me aplica al mismo líquido al otro ojo.

Mi reflejo es alzarme para saltar de dolor, pero su voz me obliga a ponerme de rodillas.

—Cass, tu bailoteo me está fastidiando seriamente. Ponte de rodillas.

Me sujeta por los brazos.

—Quiero una sumisa digna, no un títere.

Además, tengo que soportar sus sarcasmos.

—Me duele tanto, Marqués. ¿Qué me habéis hecho en los ojos?

—Señor Marqués. Te he dicho que señor Marqués.

—Señor, se lo ruego.

—Señor Marqués... Cass.

Caigo de rodillas con la cabeza entre las manos.

—Os lo suplico... Señor... Marqués... Por favor...

—El efecto desparece a los veinte minutos, Cass... también te puedo aplicar un antídoto... Si eres buena...

—Haré lo que queráis, Señor...

—...Marqués.

—Señor Marqués... ¡Oh! Dios mío, qué dolor...

—¿Estás bien, Cass?...

Me dobláis los brazos a ambos lados de una silla.

Me gustaría llevarme las manos a los ojos, pero tienen que estar en la silla. Me acariciáis la cabeza y me susurráis...

—Te voy a azotar, Cass. No debes gritar. No sé cuánto rato. Pero, si gritas, me darán ganas de seguir...

Me incorporo, aterrorizada...

—¡De rodillas, Cass!

¡Oh! ¡Y su voz! Su dulzura es inversamente proporcional a lo que promete que me haréis.

—Marqués, os lo suplico. Os lo suplico...

—Señor Marqués, Cass...

—¡Oh, Señor Marqués, os lo suplico!

Me agarro a la silla y sin quitarme el corsé, empezáis. El primer latigazo me arranca un grito de dolor cuya intensidad intento moderar.

—Señor Marqués, os los suplico, señor Marqués... Os lo suplico, no lo haré más, señor Marqués. Seré como vos queráis.

—No, Cass, tú serás lo que yo quiera.

—Sí, Señor, seré lo que vos queráis pero tened piedad de mí.

—No será largo, Cass, tu...

Me zafo y me alejo. Vos os sentáis y colocáis el látigo a la espera.

—Regresa, Cass. Te estás poniendo pesada.

Y luego añadís:

—Regresa a cuatro patas, Cass.

Me agacho y llego ante vos no sólo con la cabeza gacha, sino con todo el cuerpo bajo, con toda mi soberbia humillada. Tendéis la mano, yo la beso, la lamo, y me acariciáis la cabeza. Soy una bestia, soy vuestra perra. Me pasáis el látigo por la grieta de las nalgas, sin brusquedad. Cogéis una correa prevista para tal efecto y me la atáis al cuello, y luego a la barandilla de la escalera.

—Cass, voy a darte diez azotes. Dos veces cinco. Tantas como las veces que he tenido que recordarte que me llames Señor Marqués.

Os suplico con la mirada. No hablo. ¡Oh, no lo he hecho a posta, Señor Marqués! Lloro lastimosamente babeando, tosiendo, sorbiéndome los mocos. Me sonáis y me secáis los ojos, y cae el primer latigazo. Como, pese a todo, mi grito es bastante fuerte, me ayudáis a amortiguarlo vendándome un poco la boca. Lo suficiente como para ahogar el grito pero no a mí.

He corrido en todos los sentidos sin moverme de sitio. Ya he recibido ocho azotes. El dolor y el miedo me han dejado atontada. Me inunda el miedo a vos. No os conocía así. Me desatáis lentamente y de paso me ofrecéis el látigo para que lo bese, y después vuestra mano. Me mantenéis atada como a una perra cuando llegamos al salón, ya no me arrastro y avanzo a cuatro patas. No habéis dejado de mirarme ni un momento. Me veláis con una curiosa atención. Tenéis el rostro de un divino candor. Bajáis los párpados y me miráis como cuando estáis en mi vientre y me gusta. Os agrada la melodía de mis gemidos. Apartáis la cabeza al sacar vuestra polla y vuestros cojones. Los levantáis.

—Siénteme ahí, Cass. Me gusta cuando lo haces.

Sabéis muy bien que en ese momento me resulta muy difícil sentir, me seguís sonando la nariz. Y luego guiáis mi cabeza hasta vuestros testículos. Hundo mi rostro en ellos, inhalo y olisqueo tanto como puedo. Esperáis a que tome la iniciativa de abrir la boca. Pero no me atrevo. Ya no me atrevo a nada. Soy incapaz de encajar hasta el menor bofetón, intento no hacer nada que os disguste, pero vuestra alma habla con la mía, la escucho:

—Abrirás tu garganta pequeña y bonita, y te estrangularé con mi polla.

Me digo que yo tengo una boca, no una garganta. Sin atreverme a miraros, os oigo decir:

—Tienes una garganta cuando yo quiero, o una boca cuando yo quiero, ¿lo entiendes, Cass?

Y me oigo responder:

—Sí, Señor Marqués, en voz alta, y vos estalláis en una carcajada:

—Jajajajaja... ¡Cass!

Poniéndoos de nuevo muy serio, me hundís la polla en la boca. Me mantenéis firmemente por la nuca para que me falte la respiración. El pánico empieza a apoderarse de mí cuando me soltáis. Me miráis mientras jadeo y luego empezáis de nuevo. Sólo un hilillo de aire, justo el que me resulte vital, y hundís de nuevo vuestra polla al fondo de mi garganta. Varias veces seguidas. Gozo cuando mi cabeza estalla y yo me derrumbo sobre vuestro vientre. No os habéis corrido, pero habéis gozado haciéndome gozar hasta el síncope. Me acariciáis dulcemente el rostro y colocáis luego mi cabeza sobre la almohada con una extraña mueca en los labios... Cass... Castilla... Y cerráis los ojos.

Para Marqués
El 30 de mayo del 2005

8

Trinidad

Anne Cécile

Me has hablado de ello en muchas ocasiones, con la respiración entrecortada, un poco rasposa, el rostro ahusado como siempre en el amor, esas palabras desgranadas, precisas, tentadoras, crueles, que me repelen y hacen que me abra aún más para que te hundas más si cabe en mi antro cálido, que ponen húmeda y me mojan... La intensidad de tus palabras que me abren para que tu sexo erecto me atraviese como rayos de sol, irradiando todo mi vientre.

Y esas palabras que hacen explotar mi deseo a la que vez que desgarran mi imaginario.

Me has hablado de ello. Una y otra vez. Como un diablo sexy prendiendo fuegos. Y esta noche. París. La noche. Las luces. El calor de la ciudad. El sudor de nuestros cuerpos. El deseo a flor de piel. Las risas. Los amigos. El ruido. La fiesta que festejamos. El alcohol. Y nosotros, que estamos bien, y no sabemos con qué salsa devorarnos en uno al otro. Como una promesa de amor en forma de amenaza lúbrica. Caliente. Húmeda.

El Grupo se mueve como una bestia de varias cabezas. Risas guturales de las mujeres. Risas pastosas de los hombres. Rostros bronceados. Rostros felices. Ligeros. Cuerpos de bronce. Piernas doradas. Espaldas que relucen con el parpadeo de las luces de la ciudad.

El Grupo come. Y bebe. Y ríe. Y ríe más fuerte aún. Y bebe más. Y se transporta como por milagro a ese lugar oscuro donde se baila. Luces que giran. Cabezas que giran. Alcoholes más enloquecedores. Todo aumenta de intensidad. Incluso tu polla. Bailas. Yo bailo. Pego mi vientre al tuyo. Noto tu sexo duro. Nos movemos frotando nuestros cuerpos entre sí como si fueran dos lascas de sílex en bruto. Chispas. Me aparto. Doy vueltas como un sol borracho bajo las bolas de espejitos, dentro de los haces de luz. Busco sin buscar.

Y es ella quien viene hacia mí. Esbelta. Fina. Morena y mate, y verde y plateada. Una sirena moviente que baila como un alga marina. Bella. Sonriente. Con los ojos recamados de lentejuelas. Verdes con oro dentro. Y una piel increíble que sabe a leche y a flores acuáticas. Baila delante de mí. Se da la vuelta. Me coloco detrás de ella. Con las manos en sus caderas. La coloco bien sobre mi pelvis. Ella me ofrece su grupa y mueve el culo como una negra debutante a la que no se le da nada mal. La música. El alcohol. Y tu mirada sobre nosotros como un gato ahíto en quien está renaciendo el hambre. Se da la vuelta de nuevo y ahora noto sus pezones sobre mí, pequeños, firmes, como dos melocotones planos con el rabito tieso. Me acaricia la cara. Acerca mi cara a la suya y noto una lengua como un rayo que pasa entre mis dientes. Es dulce. Es caliente. Es traviesa. Es mujer. Se ríe. Baila. Le acaricio las caderas. Los senos. Mis manos me sorprenden con su facilidad. Como si siempre hubieran estrechado lo femenino. Nada ni nadie parece moverse ni ver. Nadie más que tu. Recostado en esta butaca. Apoyado. Con las piernas separadas. En atenta calma. Me pellizca un seno por debajo del top de tirantes. Dolorcillo encantador. Excitante.

—¿Qué haces, preciosa?

—Te excito... Lo intento... Tengo la sensación de que lo consigo.

—¿Qué es lo que quieres?

—Tu lengua en mi clítoris. Tus dedos en mi bosque virgen que no es tan virgen. Que me mordisquees los senos. ¿Te gustan los hombres?

—Sobre todo uno.

—A mí no. Me gustan las mujeres, masculinas y femeninas. Me gustan los sexos con forma de concha, rosados y tiernos y carnosos. Me gustan los cuerpos de mujeres sobre mi cuerpo liso como un canto rodado.

—¿Cómo te llamas?

—Trinidad. ¿Y tú?

—Yo soy la Mujer del hombre que está en la sombra, sentado allá.

—¿El que nos mira fijamente?

—Ese mismo. Exacto. Preciso. Peligroso. Cruel. Gran dispensador de amor, de jugos, de saliva y de esperma.

—Así pues, Mujer del hombre que está en la sombra, ¿no quieres nada conmigo? Soy como un fruto maduro. No lo lamentarás.

—Ni remordimientos ni lamentos, Trinidad. Si acepto, él vendrá con nosotros. Él no te tocará. Me mirará. Y si te follo, me contemplará mientras lo hago.

—¿No me tocará?

—No.

—Bien, de acuerdo. Esta noche, a quien quiero es a ti.

—¿Por qué?

—Porque me gustan tus piernas musculosas con los tacones tan finos. Me gustan tus movimientos. Y me gusta sobre todo tu mirada de hombre sobre mí, dentro de un envoltorio de mujer danzante.

Se pega nuevamente contra mí. De nuevo esa lengua en mi boca. Y la luz que da vueltas. Y el alcohol que quema. Y el deseo que asciende. Me basta con volverme hacia ti. Con mirarte. Intensamente. Lo comprendes en seguida. Te levantas y te vas.

—Trinidad, venga, vamos.

Trinidad se tambalea, un tanto achispada, y nos metemos en un taxi. Trayecto largo que se me hace corto, durante el cual voy sentada entre los dos, y siento el peso del deseo mudo de mi hombre sobre mi espalda. Donde dejo que la lengua de Trinidad se mueva en un vaivén y que sus manos me suban la falda. Gime como si las caricias que me prodiga le hicieran sentir placer a ella, físicamente. Jadea. Transpira. Sabe a azúcar y a sal. Un sueño de pastelería oriental.

Ya estamos en tu casa. No dices nada. Ni una palabra. Lo dispones todo con tranquilidad. Copas. Champan. Le echas unas gotas de ginebra. Las ganas aumentan y se hacen imperiosas. Las luces son bajas y naranjas. Hace un calor asfixiante. Parece que Trinidad se va a quitar la ropa, hace caer sus tirantes.

—No, preciosa. Ponte en el sofá de cuero.

—¿Y tú Jules?

—No te preocupes por él. Se entretiene perfectamente solo, de momento.

Se sienta en el sofá. Bebe a pequeños tragos. Me coloco entre sus piernas. Le alzo la ropa. Le quito las bragas. No del todo. Sólo una pierna. Como te gusta hacer a ti conmigo. Te sientas detrás de nosotros. Sentado en el amplio butacón de cuero, casi estirado, con las piernas abiertas. ¡Cuántas pieles calientes y deseosas!

Trinidad echa la cabeza atrás y se aposenta en el sofá.

—¡Lámeme! ¡Lámeme! ¡Tócame!

Y ahí, tú entras en la danza, Hombre de Fuego que no ha dicho nada. Con toda la distancia requerida.

—Las manos no, dices. Sólo la boca.

Te pones detrás de mí, con un sujetador de un rosa fuerte, muy bonito, entre las manos.

—Pon las manos atrás, coñito mío.

Obedezco. Me atas las dos manos sobre las nalgas, muy apretadas. Me sonríes. Pasas tu lengua entre tus labios. Me siento de nuevo en el vértigo.

Trinidad está completamente abierta de piernas. Coloco suavemente mi cabeza contra su vello. Su vientre. Su sexo. Aspiro su olor. Huele a sexo de mujer. Empiezo a rozar sus pelos con mi cara, mi nariz. Separo sus labios con mi nariz. Libero su clítoris, minúsculo e hinchado.

—Lame. Lame.

Todavía no, bonita. La preparo con los únicos medios de los que dispongo. Mi nariz, mi boca, mis mejillas. Y luego, de pronto, la saco. Mi lengua. Trinidad se tensa. La lamo asomando tanto la lengua como me es posible. Rasposa. Como la de un gato. Trinidad se corre. Su sexo llora de placer. Pequeñas oleadas de miel que se dispersan. Me faltan mis manos. Mordisqueo su clítoris. Lo chupo y lo mamo. Lo dentelleo. Como cuando un perro se busca las pulgas. Pequeños movimientos secos con los dientes, sin morder. Desciendo hacia su vagina. La abro con mi lengua. Titileo en su interior con mi lengua llena de ginebra y de champán. Ella gime. Jadea. Oigo tras de mí que tu abres tus calzoncillos y sacas tu sexo. Escucho el ruido de tu mano y su sonido húmedo y rítmico cuando empalma tu polla.

—Date la vuelta, Trinidad.

Ella se gira. Se arquea a cuatro patas sobre el sofá.

—Levántate el vestido un poco más.

Descubre un maravilloso culo liso y blanco. Lamo sus magníficas nalgas. La raya de su culo. Muerdo con los dientes muy abiertos sus nalgas con forma de manzana. Paso la nariz vigorosamente por la raya de su culo. Aparto las nalgas como puedo.

—Hombre mudo, las manos, desátame las manos.

No eres tan cruel. Te acercas por detrás. Levantas primero mi falda. Acaricias mis nalgas. Me desatas. Mis manos se abalanzan, por fin libres y autónomas. Agarran a manos llenas ese culo precioso. Pasas un dedo por la hendidura. Sigues estando de pie. Yo estoy concentrada en Trinidad y su placer, que va evolucionando.

—¡Tus dedos, tus dedos!

Noto que bajas mis calzoncillos *boxer* de puntilla, levantas una pierna. Te sientas en el suelo cerca de mí, empiezas a acariciarme, almendra dulce mi clítoris que palpita como una debutante una noche de baile.

Hundo un dedo en Trinidad. Un dedo. Luego dos. Tres dedos. Cuatro... Empujo más fuerte, más hondo. Separo el culo y la toqueteo. Ella se tensa.

—Relájate, preciosa, y disfrútalo.

Su ano se cierra alrededor de mi dedo. Luego se relaja. Luego se contrae. Sigo con los dedos dentro de su vagina. Y le muerdo el culo. Siento que ahora tú paseas tus manos por mi culo. Manos con forma de pala de lavar. Un azote. Otro. Me abro. Ahora me toca a mí chorrear y tengo ganas de que penetres.

—Concéntrate en ella, me dices, yo me ocupo de ti.

En ese momento, tengo los cuatro dedos hundidos hasta la palma en la vagina de Trinidad que ulula como una pequeña lechuza. Estoy de cuatro patas. Mi nariz en su culo. Mi lengua en su ano, que ya está bien dilatado. Pinzo el clítoris. Paso los dedos, con fuerza y delicadeza, sobre él. Noto que se acerca.

Y entonces tú te hundes en mi vientre. Entras con tal fuerza y tan adentro que tengo la sensación de que me harás el hara-kiri. Y sales. Te quedas inmóvil. Suspendo mis gestos.

—Méteme los dedos, méteme los dedos, muy hondo, chilla Trinidad.

—Tiene razón, dices tú. No estás cumpliendo con tu cometido.

Y me azotas las nalgas para sancionar ese fuera de juego. Y luego me azotas de nuevo, con más fuerza. Lo que me excita y me abre aún un poco más.

—Fóllala, me dices tú entonces.

Y te metes en seco en mi culo. Dios mío, qué bueno ese sexo de mujer entre mis dedos. Tu polla dura y tiesa que me destripa. Muevo los dedos como una condenada y noto que tú te ajustas a mi cadencia. A partir de entonces el ritmo lo marco yo, yo dirijo la danza. Cuando acelero el movimiento, los golpes de tu polla en mi culo se hacen más fuertes. Cuando desacelero mis movimientos en el interior de Trinidad para saborear mejor el placer, tú refrenas los tuyos. Estamos encadenados por el culo. De pronto, emprendes un asalto. Ya no me importa Trinidad y quiero que tu polla me lacere y me haga explotar. Araño. Lamo. Muerdo. Noto el placer que te produce la visión de mi cara en ese culo de mujer. Tú aceleras tus movimientos.

—Pequeña puta asquerosa, dale placer a esa guarra.

Tus manos que azotan mi culo. Mi cabeza que golpea el culo de Trinidad. Y noto que ella se excita.

—Ábreme bien, ábreme bien, grita ella.

Y eres tú quien me abre completamente. Con los dos pulgares relajas el ano para que tu polla pase mejor. Y vaya más lejos.

—Me voy a correr, grita ella.

Y lo noto. Noto cómo te vas acercando al placer. Y tu polla tiesa, rígida, dura como una piedra, que me estalla el culo.

Te corres con un estertor de perro a la vez que Trinidad. Vuestras dos voces satisfechas que se superponen en mi cabeza. Un velo negro y noto que me voy.

Gozo violentamente y me desmayo a la vez. Agujero negro. Culo agujereado.

El ángel del orgasmo ha pasado sobre nosotros intensamente. Regreso a mí. Estoy desnuda.

Tumbada sobre tus sábanas frescas, de espaldas. Ya no hay ruido. Ya no está Trinidad. Sólo tu gran cabeza de hombre tan bello, tan moreno, tan masculino, a quien le acabo de ofrecer un placer de diamante, bruto, secreto, precioso. Un placer de identidad. Un poco a mi pesar, puesto que a mí no me gustan los tríos. Tu cabeza entre mis piernas y tu lengua dulce y bella y caliente y rasposa que me lame, me lame, me lame. Y me reaviva. Te amo. Levantas la cabeza. Un rostro grave y bello y en calma. Sabes muy bien lo que acabo de ofrecerte. Te subes sobre mí como un surfero sobre su plancha. Tomas mi boca en la tuya y me das un beso de amor que acalla de una vez todo mi miedo al abandono. Me penetras suavemente. Muy lentamente, tomas posesión de mí, plenamente, amorosamente. Me dices palabras de amor, un canto largo y sonoro, una melopea tierna y fervorosa. Te quiero. Te quiero. Te quiero. Te quiero. Y mi placer que se despliega como una bella bestia del cielo, lento, majestuoso. Gozo lentamente con la sensación de que voy a morir y tú contemplas cómo me atraviesa el placer. Soy feliz. Soy feliz. Te quiero. Y te viertes en mí como un río caudaloso desemboca en el mar.

—Gracias.

—Gracias.

—Te quiero.

—Te quiero.

—Feliz cumpleaños, amado mío.

9

STRIPTEASE

LOU CRISTAL

Doy vueltas entre mis dedos a esta pequeña tarjeta de visita que le representa, un hombre medio desnudo, un número de teléfono, una invitación, striptease, aniversarios, despedidas de soltera...

¡Ya hace tres años! Cómo imaginar que se pueda acordar de mí, y sin embargo...

Lo había conocido en una de esas salas de fiestas organizadas de cena con espectáculo en la zona. Iba acompañada de mis amigas bailarinas, divertidas todas ante la novedad de esa velada reservada a mujeres. Hurgo en el fondo de mi memoria para evocar el recuerdo.

Estoy sentada en una de esas sillas dispuestas alrededor de la pista, curiosa ante ese tipo de espectáculo que no conozco. Dos hombres entran en el foco de luz, uno es negro, son los dos muy guapos. Empiezan a bailar, jugando con sus cuerpos. Estoy completamente fascinada por la sensualidad animal que se desprende del hombre blanco. Admiro la armonía de sus ritmos, sus músculos perfilados por un aceite tornasolado. El espectáculo es sólo levemente pornográfico. Para animar el ambiente, desaparecen de la sala en pleno delirio. Inmóvil al borde de la pista, permanezco en calma, insensible a la histeria femenina que va subiendo de tono. Espero pacientemente a que regresen. Aparecen nuevamente sobre la pista en forma de semicírculo. El bailarín negro escoge a una de las mujeres del público. Interpreta, con ella, un número sensual, va casi desnudo. Luego, el otro bailarín, también semidesnudo, se acerca a mí, con un cubo que deposita a mis pies. Saca de su interior una esponja empapada que me tiende. Insólito, el mundo se estrecha a nuestro alrededor. Los gritos, la música se detienen, estamos solos, salpicados por un aura diáfana. Voluptuosa, deslizo la esponja a lo largo de su muslo musculoso, con mi mirada fija en la suya, luego asciendo hasta su vientre, esquivando el sexo, tan tentador, pero oculto en un tanga tan minúsculo que podría arrancarlo con los dientes. Estrujo la esponja entre mis dedos, el agua chorrea sobre su cuerpo soberbio, ganas terribles de lamer su piel para recoger las perlas de la ola. Ese juego inocente se me antoja, de pronto, de un erotismo sublime. Su mirada es penetrante como si ya me estuviera poseyendo. Sensación inaudita de un deseo fugaz pero violento que me perfora el vientre. Desaparecemos durante algunos segundos en una burbuja de sensualidad, ignorando el mundo que nos rodea. La música se detiene. A regañadientes, le devuelvo la esponja. Se aleja. Conservo en mi vientre el deseo punzante de ese hombre desconocido.

Más tarde, el presentador anuncia que ambos hombres, esta vez vestidos, regresarán a la sala para bailar con las mujeres que lo deseen. Yo no corro a su encuentro. Espero pacientemente a que esté solo en el bar para acercarme a él. Justo a su altura, dejo que mi cuerpo prenda fuego de nuevo al ritmo de la música, con mi mirada fija en la suya, otra vez. Sin mediar palabra, se enrosca a mí y bailamos lánguidamente antes de dejarnos llevar por un ritmo endiablado, con nuestros cuerpos pegados. Antes de partir definitivamente, me da su tarjeta de visita, con su número de teléfono. Y garabatea al dorso: «Un beso enorme para esta mujer magnífica, caricias y más si...»

Sonrío al descubrir su firma, el mismo diminutivo que yo.

Al día siguiente le llamo. ¿Por qué esperar? Se olvidará enseguida.

Nos estuvimos llamando durante casi seis meses, antes de que pudiéramos concertar una cita, dado que sus múltiples espectáculos le llevaban por toda Francia.

Esa noche, me preparo con esmero. Traje sastre negro, la falda un poco corta pero no demasiado, tacones altos, medias negras. El escote de la americana deja entrever el encaje de la camiseta de satén negro. Llego la primera y me coloco en una mesa cercana a la puerta. Hay otras mujeres en ese bar cubano y me apetece jugar a la desconocida. Algo hemos hablado, ¿me reconocerá? Empuja la puerta. Lleva una gorra, y va todo de negro. Está como un queso, irradiando esa insolente juventud que atrae todas las miradas. Sus ojos recorren rápidamente la sala y se posan en mí. Sin vacilar, se sienta delante de mí. Percibo las miradas envidiosas de las otras mujeres presentes. Una ola de calor me recorre la zona lumbar. ¿Cuánto tiempo nos quedamos frente a frente, hablando de todo y de nada, de nuestras vidas presentes y del futuro? Habla de su trabajo de bailarín de striptease con pasión. Descubro otro mundo del que lo ignoro todo. Finalmente, nos marchamos del bar. He aceptado, sin ni un titubeo, seguirle a su casa.

El deseo es demasiado ardiente para resistirse a sus besos apasionados cuando estamos en el ascensor, mis manos sobre su cuerpo, las suyas en el mío, levantándome ya la falda. Me empuja y vamos tropezando hacia su apartamento, enciende una lámpara con luz tenue, pone un CD en el aparato de música y se quita la gorra, antes de lanzarse sobre mí, como un depredador sensual. Delicioso delirio del abandono de los cuerpos, de rodillas a mis pies, lame mi sexo, con la cara bajo mi falda arremangada.

Tumbados en la alfombra, le quito la ropa prenda a prenda, acaricio su cuerpo febril, su piel, recorro con la lengua su pecho musculado, su vientre, para ir bajando hacia su sexo. Chupo su verga, la aspiro, la mojo con mi lengua, locura de los sentidos desordenados.

—Chupas como una diosa.

Honro su sexo tieso, atento, mi cuerpo no es más que un tumulto lujurioso de sensaciones refinadas. Me aturdo acariciando su cuerpo soberbio. Me abro a todas sus exigencias, mi boca, mi vulva húmeda. Se alza, bello como una estatua griega en su fascinante desnudez, y agarra una botella vacía. Hurga en mi vulva con el cuello de la botella, pierdo pie ante la intensidad del asalto, suprema delicia erótica, penetrada por ese objeto sexual incongruente, con su falo entre mis labios. Mi conciencia se evapora, lucha inaudita de dos cuerpos que zozobran en una unión carnal delirante. La voluptuosidad ha dejado el tiempo en suspenso.

Mucho más tarde, me acompaña hasta mi coche.

No respondí nunca a su SMS: «¿Qué tal estás, preciosa?» Opté por guardar silencio para alimentar mis recuerdos de esa magia de una noche. Una piedra preciosa engastada en el joyero rojo de mi corazón, pulidas por las vagas opalescencias de mi memoria.

Tres años... A veces, a lo largo de la vida, se dan instantes fuera del tiempo que no hay que estropear. No obstante, esta noche dudo. Ganas de verle otra vez pero, ¿correré el riesgo de la decepción? Le he tenido siempre presente en un rincón de mi memoria pero, ¿y él?.

La vacilación es una ladrona de tiempo. Tecleo un mensaje en mi móvil.

«¿Te acuerdas de mí? Me llamo igual que tú.»

Dos días sin respuesta, decido insistir recordándole el lugar de nuestro encuentro, el bar cubano. Inmediatamente, recibo un SMS en el que me propone quedar. Intercambiamos SMS durante varios días, sin que en ningún momento confiese acordarse de mí. El juego me divierte. Sazonar el encuentro, añadir un erotismo cada vez más picante a nuestros encuentros sin saber nada. ¿Soy una desconocida para él? La duda, también, ¿y si le han dado este número de teléfono a otro hombre? Me propone que vaya a verle a una sala de striptease donde actúa. Yo sigo jugando, y le propongo una noche en un lugar al que no acudiré. Esperar, esperar aún un poco por el placer del juego, para soñar con el encuentro, imaginarlo, para sentir cómo mi cuerpo se emociona con los maravillosos recuerdos de la primera vez. Al día siguiente, recibo el último SMS.

«Ven a las 22.00 sin ropa interior y tacones ganas de perforarte el culo con mis dedos y poner mi mano en tu coño húmedo, me estoy haciendo una paja.»

Anteriormente, me había escrito:

«Ganas de que me mires mientras me masturbo y yo derrame mi esperma sobre tu rostro ganas de que seas directa muy directa continúa.»

Respondí entusiasmada a sus mensajes ardientes, replicando:

«Ganas de que me lamas el coño, aspires mi clito hasta hacerme gritar, que hundas tu mano y me folles con tu polla magnífica, que me des por el culo y que me hagas gozar muchísimo.»

Ahora sé de la intensidad de las palabras que pocas mujeres se atreven a pronunciar, paralizadas por la vergüenza y el decoro. Esas palabras desnaturalizadas por las imágenes de la pornografía, pero que constituyen el imaginario erótico.

¿Qué me pondré esa noche, un vestido? Sí, pero, ¿cuál? ¿El vestido rojo? ¡No! Demasiado llamativo. ¿Un vestido negro? ¡No! Demasiado triste. Me decido por un vestido largo de cuadros vichy gris claro y crema, con liguero, y abierto de un lado hasta medio muslo, con una combinación larga de algodón blanco bordado con encaje. Escojo unos zapatos de tacón, blancos, atados al tobillo con un lazo precioso de satén blanco, una nota de romanticismo. Prefiero ser discreta, totalmente inesperada en este contexto ardiente. Me hago un moño alto con el pelo, sostenido por una pinza, me aplico algunas gotas de perfume en la zona de la nuca. Me pongo una decena de brazaletes multicolores en un puño, y una gran sortija a juego en cada mano. No llevo nada debajo del vestido. A él le gusta jugar, a mí también.

Las 22.00. Empujo la puerta del vestíbulo. Ya hay varias mujeres. Es una noche reservada para ellas. El grupo que ya está allá me propone amablemente que me una a ellas. Acepto, así pasaré más desapercibida. El guarda de seguridad nos conduce hacia el bar. Detrás de mí, una voz cálida resuena en mis oídos.

—Buenas noches.

Una silueta en la penumbra, le reconozco inmediatamente. Rodea el bar.

—¿Qué tal te va?

—Bien.

—¿Es la primera vez que vienes?

—Sí.

Permanezco impasible, ningún signo de reconocimiento por ninguna de las dos partes. Me dirijo hacia la sala y me instalo en una butaca mullida en el ángulo del escenario en forma de T. Me encojo, oculta tras una cortina al borde del escenario. No quiero hacerme notar, pero a la vez quiero estar muy cerca para saborear mejor el espectáculo. Las otras chicas se van disponiendo a mi alrededor. La sala se va llenando y, divertida, constato que la cola de la T tiene el aspecto penetrante de un sexo. Un sexo inmenso que penetra una boca abierta. En el escenario, hay una barra colgada del techo. Al fondo, un trono y los labios rojos de un sofá, creando una atmósfera erótica. El animador anuncia que, esta noche, se exhibirán, uno tras otro, cuatro bailarines al son de nuestro placer. Baja la intensidad de la luz y aumenta la de la música. El primer bailarín empieza con un espectáculo un tanto suave, aparece otro. Van anunciando a cada uno por su nombre. Él sale a escena, con su uniforme blanco de oficial americano. Justo antes del inicio del espectáculo, le había enviado un último SMS.

«Estoy ahí ponte sexy y sensual.»

Baila con ese instinto animal que le distingue de los demás, se abre la guerrera y aparece su torso musculoso, se contorsiona alrededor de la barra realizando acrobacias espléndidas. Los gritos de algunas mujeres acallan la música. Me hundo un poco más en mi butaca cuando, bruscamente, él ejecuta una pirueta y me señala con el índice, con el brazo tendido hacia mí, y la mirada ardiente. Sonrío a mi pesar y pienso alzando ligeramente los hombres.

Juego de escena.

Durante el segundo pase, cada bailarín va un poco más desnudo. Él aparece con el torso desnudo, un pantalón amplio atado a la cintura con un simple cordón. Se coloca justo encima de mí, al borde del escenario. Me mira intensamente mientras juega con su pantalón que desliza suavemente sobre sus caderas dejando al descubierto su tanga. Respiro hondo para recuperarme de la turbación. Es sexy, muy muy sexy. Me maravillo con su cuerpo, los abdominales prominentes, el pecho musculoso, la piel ligeramente bronceada que brilla bajo los focos. Se aleja hacia el otro extremo del escenario donde hace lo mismo con otra mujer. Me quedo pensativa.

Sigue la duda.

Sigue moviéndose por el escenario, se quita el pantalón, descubre sus nalgas perfectas. Criatura indomable, audaz e impúdica, atiza la codicia femenina. ¿Qué sabe él del deseo de las mujeres, para jugar así con sus fantasías inconfesas?

Estoy tan trastornada, con el cuerpo tan agitado, que olvido el último bailarín.

El animador anuncia un sorteo que permite ganar el derecho a tener a un bailarín en la mesa. Pierdo. Qué más da, me traslado al bar para observarle, de pie junto a la puerta de la antesala. Se desnuda con una impudicia absoluta rodeado de un grupo de mujeres. La ganadora le acaricia tímidamente. Él se sienta en sus rodillas y la abraza tiernamente, le acaricia el pelo, le besa los dedos. Es de una dulzura infinita, de un respeto sorprendente ante el deseo femenino. No me ha mirado ni una sola vez. Cuando termina su número, indiferente, se dirige hacia la puerta junto a la que me hallo. Estoy decepcionada, no me ha reconocido. Imprevisible, al pasar me coge por la cintura, me besa dulcemente en la mejilla y me murmura al oído:

—Buenas noches, C...

Mi corazón late como una batería de tambores. Una sonrisa me ilumina el rostro y susurro:

—Me has pillado.

Le reclaman nuevamente en una mesa situada en el mar. Me instalo en un taburete alto para dominar la situación. En esta ocasión, no me quita los ojos de encima. Con la mirada ardiente, se va quitando la ropa poco a poco, y es de una sensualidad perturbadora. Se humedece los dedos en los labios entreabiertos, luego acaricia sensualmente su torso desnudo, hasta su sexo disimulado por el tanga. Cierra los ojos, simulando caricias indecentes.

El presentador anuncia un último pase. Me voy de nuevo a mi butaca, en un rincón al lado del escenario. En cuanto entra, el primer bailarín le tiende la mano a una mujer que sube con él al escenario. Juegan juntos delante del público y las mujeres presentes fantasean con esa posibilidad. El segundo hace lo mismo. ¿Qué hará él? Aparece disfrazado de cowboy, con un abrigo holgado sobre el torso desnudo y un sombrero oscuro caído sobre los ojos. Atraviesa el espacio que nos separa y me tiende su mano. Me aparto como puedo del grupo de mujeres que hacen barrera y trepo al escenario. Me instala sobre el sofá rojo, da vueltas a mí alrededor, abandona su abrigo a mis pies. Tentación erótica en este lugar público, se sienta sobre mis rodillas, acerca su flanco hacia mis senos, me coge la mano, con su nuca tan cerca de mis labios. Traza con la palma de mi mano, sobre su torso desnudo, las caricias con las que he soñado. Mi mano se impregna de su piel, baja hacia el vientre, se desliza dentro de su pantalón entreabierto. Si no estuviéramos aquí, agarraría su sexo. Se quita el pantalón. Le acaricio los muslos, las nalgas. Ya no escucho el murmullo ensordecedor de la multitud trémula. Saturada por la emoción sensual, imaginándome a solas con él, beso su espalda, deseo fugaz de mordisquear su piel. Mis caricias se hacen más precisas, intencionadamente más excitantes. El sabor del libertinaje invade mis sentidos. Se vuelve cara a mí, presentándole sus nalgas desnudas al público y me murmura, con chiribitas en los ojos estrellados:

—Más... más...

Se pone detrás del sofá y, a mi espalda, y mientras yo permanezco inmóvil, sin saber muy bien qué hacer, se quita el tanga y me lo entrega ante los ojos de todos los demás. Bromista, juega con la fiebre que se eriza en mi intimidad. Respiro hondo para liberar la tensión erótica que turba mi cuerpo. La música cesa, me acompaña hasta el borde del escenario y me ayuda a bajar. El último bailarín se difumina en una nada absoluta, pues yo permanezco a la escucha de mi deseo. El espectáculo ha terminado. Vuelvo al bar y me siento en una butaca. El avanza hacia mí, en pantalón vaquero y una camisa negra de rayas muy finas.

—¿Quieres tomar algo?

—Sí.

—¿Te apetece una copa de champán?

—Sí, gracias.

Da la vuelta a la barra del bar y regresa con la copa que coloca en la mesa.

—No podré hablar mucho contigo, ahora me toca trabajar en el bar.

—No importa, nos veremos después. ¿Cuándo me has reconocido?

—En cuanto has llegado.

—¡Pero si estaba de espaldas!

—Sí, pero te he reconocido de inmediato, no te he olvidado y te he dado las buenas noches con esa voz intencionadamente grave.

En sus labios se dibuja una sonrisa canalla y se aleja hacia el otro extremo de la barra. Le observo durante un momento, y luego voy a sentarme en un taburete frente a él. Cuando no está atendiendo a los clientes, recordamos nuestro primer encuentro. Tres años, le alegró mucho recibir mi primer SMS. Me sorprende que recuerde tantos detalles, él que está tan solicitado y quizás colmado con todas sus conquistas femeninas.

—Sí, pero contigo la sensación fue distinta, no se puede explicar.

Y añade:

—No me voy cada noche con una distinta. A menudo vuelvo a casa solo.

Seguimos charlando, y evocando nuestros recuerdos mutuos. Su mirada traviesa sugiere la noche que se aproxima.

—Esta noche, me tendrás que decir todas esas cosas que me has escrito.

Le sonrío, recordando la franqueza de las palabras que hemos intercambiado.

—Sí, te las diré.

Es tan sencillo hablar con él.

—Yo me dedico a otra cosa, escribo textos eróticos.

Le sorprende.

—¿Me los dejarás leer?

—¿Por qué no?

—Me gusta el rollo duro. ¿Son duros?

—Algunas veces, no siempre, depende de lo que me apetece contar.

La velada se alarga, y el bar se va vaciando progresivamente.

—Tienes que irte. Espérame fuera, llego en un cuarto de hora.

—¿Y a dónde iremos?

—A mi casa, sígueme en tu coche. ¿Dónde lo has aparcado?

—Justo enfrente.

Al cabo de unos minutos, salgo discretamente del bar. Me meto en el coche, me fumo un cigarrillo escuchando música. Hace calor, el verano quema sus últimas brasas.

Llega un coche a mi altura. Le reconozco al volante, pongo el motor en marcha y le sigo por el dédalo de las calles de la ciudad. Estacionamos ambos vehículos y recorremos deprisa, codo a codo, la calle que va a su casa. En una esquina, tuerce hacia un callejón oscuro y adoquinado. Mis tacones me hacen trastabillar. Me agarro a su brazo. Me coge de la mano para apoyarme y nos abrimos camino en la penumbra.

—Esto tiene pinta de ser una zona peligrosa, ¿vives por aquí?

—Sí, un poco más allá.

Rodeamos la manzana de un viejo edificio, el callejón se extiende, lúgubre, hacia un patio que parece medieval. La luna pálida ilumina nuestras siluetas inmóviles. Los faldones de la noche susurran dulcemente. Un beso apasionado destila las turbulencias de los placeres venideros.

—No llevo nada debajo del vestido.

Cuerpo contra cuerpo, me levanta la combinación, con la mano acaricia mi muslo, mi vientre desnudo.

—Lámeme el coño.

—¿Aquí?

—Sí, aquí.

Duda una décima de segundo, mira furtivamente a su alrededor antes de arrodillarse a mis pies. Con mi combinación blanca levantada, noto como su lengua titila con mi botón, aparta los labios, se insinúa en mi grieta. Me estremezco, con el sexo tendido hacia su boca, y la mirada perdida en las estrellas. Está de nuevo pegado a mí, con lengua contra mi lengua, besos ardientes, desvarío de mis sentidos. La serpiente del deseo recorre mi cuerpo, rocía mi sexo de lluvia. Hunde un dedo en mi intimidad, y luego lo saborea. Tironea delicadamente el cuello de mi traje para contemplar mis pechos desnudos.

—¡Ven, entremos!

Entramos en el salón iluminado por una lámpara colocada en un rincón. Hurgo en mi bolso y saco un CD. Lo pone en el lector, mientras yo enciendo algunas velas redondas que también llevaba en mi bolso. Las coloco sobre la mesa del salón y me siento en el sofá.

—Yo también tengo velas. ¿Qué es este CD?

—Tecno, aunque bastante elaborado, tengo ganas de que me hagas un striptease sólo para mí.

—De acuerdo, pero sin pantalones de bailarín de striptease de los que se abren por los costados.

—Da igual, hazlo y, cuando estés desnudo, mastúrbate. Quiero ver cómo te empalmas, me gusta mirar.

Espoloneado por el ritmo, se desabrocha la camisa, revela su cuerpo desnudo. La desliza sobre sus hombros, la deja caer a sus pies, se arranca los botones de su pantalón, y los vaqueros hacen otro tanto. De pie delante de mí, aguijonea mi deseo, hace rodar las tiras de su tanga sobre sus muslos, sostiene con ambas manos su sexo erecto. Espléndido animal fogoso, frota su miembro con el hueco de su mano, se inclina sobre mí, con la verga muy cerca de mi boca. Perfilo, con el índice, la rosa tatuada sobre su seno derecho, y murmuro con un hilo de voz:

—Sigue ahí.

Estoy dividida entre el deseo de agarrar sus nalgas entre mis manos para empujar ese sexo hechicero en mi boca o seguir espiando su mano, que se agita febrilmente alrededor de la polla.

—Mastúrbate más fuerte, quiero verla crecer más.

Su mano se activa febrilmente sobre su sexo. El glande sale de su vaina, reluciente, provocador, y luego se eclipsa bajo la piel. Su falo es una estaca que rasga la vela de mis fantasmas, mi vientre se abre, boca rojo sangre, palpitante y húmeda, dispuesta a acogerle.

—No te corras, hunde los dedos en mi coño.

Introduce una falange, luego dos, se abre paso en mis carnes con un vaivén furioso. Gimo, con el vientre inundado por el placer.

—Penétrame más fuerte con la mano, con toda la mano.

Subo los muslos al sofá, inclinada al borde y abierta al máximo. Siento toda su mano en mi grieta chorreante.

—Ahora lámeme, chúpame el botón, aspíralo fuerte, hazme gozar.

Aspira mi sexo como una fruta madura, jugosa a voluntad. El éxtasis acalla mi grito anonadado.

—Ven, subamos a la habitación, estaremos más cómodos.

Azorada, despeinada, con la combinación arremangada, subo los peldaños de madera de uno en uno. El agua del placer inunda mis muslos, gotea a lo largo de mis piernas. Un geiser de goce. Me sorprende estar tan empapada. Caigo sobre la cama, me quito el vestido y lo arrojo al aire. Él enciende una lamparilla.

—¡No! No enciendas las luces, ve a buscar las velas.

Con la rapidez de un rayo, baja las escaleras y reaparece con dos velas que coloca encima de la mesilla de noche. Se arroja sobre mí, y nuestros cuerpos se enlazan y se separan, con besos salvajes, gladiadores sensuales en la arena erótica. Le empujo para que se tumbe de espaldas, araño levemente la piel de su torso, y me trago su sexo.

—¡Chúpame!, dice él.

Me trago su sexo, enrollo la lengua, tironeando despacito de la piel con los dedos, y con los testículos en la otra mano. Bruscamente, le separo los muslos, froto mi vello púbico contra su culo, empujo un falo virtual con un agresivo vaivén.

—Si fuera un hombre, te penetraría ahora mismo por aquí.

—Adelante, penétrame, empuja más fuerte con la pelvis.

Grita bajo al asalto:

—¡Más!

Mi bajo vientre golpea violentamente tus testículos. Me muevo vigorosamente adelante y atrás, con la combinación blanca arrugada sobre el vientre, y los senos desnudos moviéndose con la misma cadencia.

—Sigue, más fuerte, noto tu sexo en mis cojones. ¡Es demasiado!

Con mis manos aferradas a sus caderas, empujo cada vez más fuerte. Jadeamos, ante la intensidad de este asalto poco habitual. Un último sobresalto, y me abato como un pájaro agotado sobre la playa de su cuerpo. Algunos minutos de ausencia y de silencio, me tumba de espaldas a la cama y su estaca me penetra hasta lo más hondo. Sujeta mis tobillos a ambos lados de cara.

—Me dijiste que eras flexible.

Abro un poco más las piernas, agarrada a los tacones de mis zapatos, mi raja se estira.

—¡Ábrete más!

—Fóllame más fuerte.

Su verga entra y sale a un ritmo insensato. Repiquetea al fondo de mi vientre, y el placer asciende a mareas incandescentes.

—Fóllame por el culo.

En la posición del perrito, noto que la punta de su polla se abre paso a través de la otra parte de mi misma.

—Húndeme la mano en el coño.

—Tengo un consolador, te penetraré con él a la vez.

—¡Sí! ¡Hazlo!

Me dejo poseer completamente por su sexo y el objeto erótico que vibra en mi intimidad. Mi cuerpo ya no es más que para el placer, con la espalda arqueada, me ofrezco, impúdica y obscena.

—Eres una guarrilla...

—Sí, dímelo otra vez.

—¡Guarra! ¡Cómo te gusta...!

—Sí. Fóllame más, y más...

Me penetra sin parar, verdugo de mi cuerpo.

—¡No te corras! Quiero que te masturbes y me rocíes con tu esperma.

Atormentada por mis sentidos, hambrienta aún de placer, tumbada de espaldas, él se masturba de rodillas entre mis muslos abiertos. Mi mano avanza hacia mi botón, que maltrato hasta el éxtasis sublime. Su simiente rezuma por mis senos, por mi rostro. Me salpica, clamando su placer.

Con los cuerpos empapados de sudor, nos tumbamos uno junto al otro. El calor que hace en la habitación es abrumador. El silencio sustituye el tumulto sensual...

Me cuenta lo mucho que quiere a su hijo pequeño. Contraste embriagante tras los derroches salvajes de nuestros cuerpos, nuestra violenta verborrea erótica y ese candor de padre de sonrisa espléndida. Rozo su piel con mi boca, con el corazón en un puño.

Más tarde, mucho más tarde, cruzo el patio adoquinado.

—No esperemos tres años más a volver a vernos, me dice él.

Acaricio tiernamente su mejilla. Silenciosa, me alejo, equilibrista fantasiosa sobre mis tacones altos, trastabillando sobre las piedras viejas. Un pensamiento me aguijonea el espíritu.

Las piernas de las mujeres son como compases que recorren el globo terráqueo. Su sexo, en el centro, marca la línea media de las fantasías masculinas.

10

MIS CARIÑITOS SON HOMOS

ÉLIZABETH HERRGOTT

En mi familia hay una santa canonizada en el 1600 con mausoleo propio cerca de Estrasburgo. Yo estoy más bien del lado de las cortesanas. Este verano, separada de mi novio por obligación, no pienso enclaustrarme en mi casa solariega, por más bonito que esté la finca con sus rosales y sus arbustos de hortensias rojas encargadas hace muchos años en Bretaña. La separación engendra siempre en mí el rencor, cierta venganza del entorno, y no me suelta hasta que doy rienda suelta a mis fantasías y a mis deseos. Cuando más feliz soy es cuando me exhibo, rodeada de admiradores. Mi Corte está reunida, mi cabaret ha abierto sus puertas. Recibo elogios y otros tantos ramos de flores, pero para complacerme no basta con adularme, hay que seducirme, lo que resulta bastante más difícil. Cortesana triunfal, lo disfruto enormemente, aunque todavía no sé qué puedo esperar, lo que puede sucederme a mi pesar. Me estremezco cada vez que uno de esos hombres me toca pero, ¿cuál?. Hay unos cuantos. Dios Mío. Mal de amores.

Hoy quiero a dos homosexuales, Emmanuel y Gustave. Noto que se aproxima la perversión, ¿por qué?. Uno u otro, el uno tras el otro o los dos a la vez. Evito ese pensamiento, lo rechazo, no quiero que aparezca de nuevo en mi mente insensata. Pero me precipito a su restaurante, *Le Vice-Clos*, les invito, les mimo, les achucho. Pero, ¿qué estoy haciendo yo allá?

Una amiga que tiene un bar ya no me ve nunca por ahí.

—Sigues yendo a Gredisans, a casa de ellos.

—Claro que no.

Claro que sí.

No tengo por costumbre contrariarme, sólo se vive una vez.

Tampoco quiero problemas, insomnios, preguntas de toda índole, sólo quiero paz interior. ¿A que es razonable?

No acostumbro a estar de parte de la razón, sino más bien en el exceso, en la provocación, en la exhibición, en definitiva, en el lujo lujurioso. Dos palabras inseparables para mí. No me gustan ni los pobres ni la pobreza, le pido perdón por ello al padre Pierre, al que tengo en muy alta estima.

Lo que excita es el proceso de ligue.

Les telefoneo con excusas diversas para quedar con ellos, porque me gustan.

Emmanuel es glosador de encantos, Gustave cocinero de arte. Para él, cada plato es una creación. ¿Cómo no entendernos entre los tres? Pero, ¿para qué?

¿Para qué uno me penetre por el culo y el otro me acaricie?

¿Lo aceptarán y estarán a la altura de mis deseos?

Es la pulsión que hoy me anima, me transporta, me transforma. Pienso en ello a todas horas cuando no estoy ocupada, cuando sueño y, sobre todo, cuando me masturbo.

No debería confesarlo pero, es tan intenso, tan absorbente, tan sorprendente.

¿Podrá explicar mi lenguaje lo que yo siento y podrán ellos entenderme? Dado que entre nosotros no hay de momento más que emociones artísticas, lúdicas.

El coito dejará de ser un momento privilegiado e indispensable, que podrá ser sustituido pero, ¿por qué?

Las mujeres imaginan, pero no miran, yo soy una mirona y tendré esta suerte: ver dos pollas en lugar de una. Es una de mis fantasías favoritas y si, además, se trata de dos pollas que no están destinadas a una mujer, todavía mejor.

Nos paseamos por mi finca en La Loye. Ellos empiezan a besarse, pero les separo.

—En el bosque. Después.

Pienso interiormente que ambos tenían una mujer antes de conocerse, y que la dejaron por amor al otro.

Qué bonito.

En ese caso, entregarme a los dos en cuerpo y alma no será tan molesto. No se trata de ir con secretitos ni de ninguna vulgaridad, nada de adulterio ni de mezquindades celosas. Un amor confundido, así de simple y claro.

Aprender a ver la carne sin culpa. Ver el pene y no fantasear más con un falo.

Con ellos se pone en marcha otra sensualidad: su debilidad por el terciopelo, las sedas, las pieles, en definitiva, por todo lo que se mira, se acaricia y se toca como la piel sensible, como la dulzura de sus poros. Son dos estetas.

Regreso así a mi siglo favorito, el XVIII, en el que los hombres son como mujeres con pelucas, perlas, esa sensualidad a la que me refería, la sensualidad de la pompa con su tornasol tan femenino.

En realidad, los mariquitas tienen un alma femenina y les gustan las mujeres, las verdaderas mujeres, las hermosas, no las lesbianas masculinas que les imitan.

Adoro tocarle el vello del brazo a Gustave, es suave y él está tan bronceado. Pero, cuidado, no hay que poner celoso a Emmanuel, que es de una fidelidad ejemplar, un enamorado perfectamente ingenuo, pero de lo más emotivo y adorable. En eso estoy aquel día.

Mis queridos invitados del domingo llegan con una hora de retraso, les he dicho: Sois unos maricas, unos dados por el culo, habéis follado al despertaros, os habéis masturbado en la ducha, no era ni el día ni la hora. Ellos lo han negado.

Acepto sin convicción. ¿Estaré celosa de sus relaciones, dado que las imagino? Estoy loca.

Me asomo a su homosexualidad. Gustave tiene una madre anciana, profesora de francés, tal vez posesiva, ¡es el pequeño de cuatro que nacieron antes que él!...

El otro, Emmanuel, sólo ha tenido una madre sustituta, una tía creo, que es muy importante para él.

En los homosexuales, la madre es siempre omnipresente véase infranqueable...

En cuanto a mí, soy misógina como ellos; fui lesbiana, pero sin ninguna convicción. Detesto las escenas y prefiero francamente a los hombres. Siempre me hubiera gustado ser un maricón masculino, aunque con la feminidad afirmada, sobre todo la del lenguaje que, en realidad, siempre ha pertenecido a los hombres. Ellos eran los que iban a trabajar, viajaban, iban a la guerra y tenían cosas que contar.

¡La mujer se quedaba en casa! En casa están los niños, se utiliza el lenguaje de los gestos, no el de la palabra.

No quisiera apartarme de mi tema, no tengo la intención dejar a mis dos amigos sin mí. Tampoco buscaré excusas para la pulsión que me anima. Sé que podría masturbarles, hacerles gozar, chuparles aunque sin tragarme el esperma. Qué pena, un sabor que ha desaparecido y que, como el tabaco, mata. Sin embargo, yo era una especialista en la materia, con la polla hundida en la garganta y eyaculando... Un ahogo delicioso.

Me apropié del discurso del hombre. Imitación y voluntad. Como ellos, también soy una mirona. He llegado a pedirle a un extraño, no a un amante, que se masturbe delante de mí, o que le haga el amor a su mujer estando yo presente. Éxtasis y turbación.

A veces, les guiño un ojo. El espectáculo es lo que me apasiona.

Adoro escrutar a la gente en las terrazas de los cafés, les echo el ojo como espero poder hacer pronto con mis dos cariños mientras hagan el amor.

Tengo que dejarles tiempo, el tiempo de aceptar esta idea no como un fastidio, sino como un deseo creciente y suplementario.

En la oscuridad no, claro, una luz tamizada estaría bien, tendrán que soportar mi mirada, tendrán que verla, y no deberán olvidarla esa relación extraordinaria. Quiero formar parte de esa relación en la que la mirada es el rey.

¿Comentarios? Claro que me gusta hablar, pero me abstendré de hacerlos, saciada por la visión. En ese momento el lenguaje, las palabras, serán completamente inútiles.

El espectáculo será embriagador y engendrará las peores fantasías que conservaré en la soledad para una masturbación de lo más completa.

Naturalmente, me he hecho tantas ideas sobre sus relaciones, pero las ideas son insuficientes, no son más que ideas.

Deben ser tantos, los detalles insospechados.

¡Qué fascinante espera!

Finalmente se puede gozar a través de los ojos, con los ojos, aunque hay que tener qué mirar...

El hedor del pecado no menoscaba mi deseo exacerbado ni este calor húmedo que emana de sus cuerpos enloquecidos.

Por fin estamos en la cama. El aroma de los cuerpos enlazados. Estoy bajo el edredón, dispuesta a olisquear. Sed de vida y de vicio. No la había experimentado jamás.

La mezcla de la saliva de los tres.

Algo que empieza, un jardín maravilloso, aún imprevisible.

Caricias, olores fuertes e intensos de los sexos mezclados. La nuca, el cuello, las axilas. Una eclosión de olores, revelaciones de la intensidad de nuestros deseos. El mío incrementado igual que el suyo. Un festín para el olfato, igual que para la vista.

Es como si, de pronto, hubiera caído un velo tupido que ocultara todo lo que he conocido hasta aquí, como si mis aprehensiones y mis sensaciones hubieran cambiado.

El homosexual ha sido siempre para mí un personaje fascinante por censurado. Representa otro cuerpo y sugiere, si acaso, la antigua Grecia o la Italia del Renacimiento.

Se despiertan todos mis instintos: exacerbación de lo equívoco, placeres de la felación, masturbaciones recíprocas. Una fiesta. La fiesta.

Mi codicia es grande. Acaricio mi libido, que tengo a flor de piel.

El sentido del tacto completa a los demás. Para eso estamos.

El tacto posee el conocimiento de los relieves, de lo duro, lo pulimentado, lo cortante, lo ardiente, finalmente el tacto explora.

Ya escucho susurros que me estremecen y aceleran los latidos de mi corazón.

Juego de manos, juego de villanos. Somos villanos. Cito a Victor Hugo: Todo se sostiene y se abraza y se aprieta para morder.

He colocado mis labios sobre sus pollas y sobre su corazón.

Ataco, señores. Sabed que me gustaría que agitarais vuestro bello órgano en traje de Adán...

Gustave le comenta algo a Emmanuel y éste me responde: Puede criticarme lo que quiera, yo tengo lo que hace falta en mis calzoncillos, porque a él solo le gustan las cosas grandes, firmes y regordetas.

Soy de la misma opinión, de ahí mis plumas Mont-Blanc y mis cigarros puros.

Antes de utilizar vuestros órganos y en el momento más penetrante del amor, tengan la amabilidad, queridos míos, así como la prudencia, de cubrirlos con su condón. Así pertrechados, podréis soltar los flujos libidinosos. Mis dedos ágiles de encargada del vestuario son incendiarios y deseosos de a serviros.

Después, nuestros deseos podrán evadirse a voluntad.

Me encanta sorprender a mis queridos deslizándoles preservativos bajo la servilleta doblada en la mesa. Un juego que espolonea las fantasías.

Las formas, los colores, los olores varían, pero lo que prima es la calidad, dado que la finalidad última es aumentar la sensibilidad.

Un verdadero regalo de Navidad.

Los rojos son diabólicos, los azules metálicos hacen furor.

Me gusta ver mis dos pollas embutidas en los modelos con sabores, los más agradables para la lengua. En cuanto a ellos, no me han escatimado sorpresa alguna. Antes de que empezara la orgía, oculto detrás de un biombo chino, ha aparecido un tercero en discordia, llamado Bruno. Me lo presentan. Quería conocerte con la mejor de las intenciones...

En cueros y de pie, empezamos, y Bruno ha comenzado rechazando el condón durante los preliminares. Ha decretado que la felación es sin preservativo. ¿Y el líquido seminal que puede segregarse si la succión es intensa? Pregunto...

Entre los maricas, nos ponemos el condón cuando notamos que estamos cerca. Me he negado y le he puesto el debido condón amarillo que le quedaba muy bien.

Tiene unos labios tan bonitos que le he besado para calmarle y hacerle olvidar la decepción. Es tan atractiva una boca de hombre bien orlada.

Han pasado todos a los besos calientes. Se me dan bien. Besar es todo un arte, sin demasiada saliva, no más de la necesaria.

He pensado que hoy estaba dando un gran salto en mi carrera amorosa. Tres sexos salvajes, sorprendentes y obscenos a mi servicio, y yo al suyo. Siempre me han gustado los hombres y el sexo, pero ese día era completamente distinto.

He decidido deleitarme en el papel de reina. Ha llegado el momento de encender las velas, he dicho.

¡Qué desvarío! Aunque, ¡qué lucidez!

Auténtica poesía sin estructura.

Bebemos champán hasta el delirio, hasta la cama.

Mi crisis orgiástica va por buen camino. Sus glandes están ahora bien hinchados y, entre copa y copa, descargan en mi coño.

Estoy en el séptimo cielo, tengo la sensación de que me han salido alas.

Nuestras sensualidades, nuestras sexualidades en estado bruto.

Me siento empalada por sus miembros voluminosos y duros. Se enciende la pequeña luz roja. Me palpan y me besan las nalgas y yo amaso sus penes alternativamente.

Nuestros cuerpos están embriagados de placer.

Cuando creo que se termina, empieza de nuevo, son tres... ¡Estamos en buena cama! Nuestros cuerpos se acoplan y se enfundan en todos los sentidos.

La sodomía me ha fascinado siempre, y ellos no se cortan. Mi placer enardecido, el extravío es voluptuoso. Estoy sumisa y sin pesar.

Loca-Mujer de mi cuerpo. No renuncio a ninguna de mis obligaciones...

Mientras Gustave me lubrifica el culo para encularme mejor, Bruno me chupa el sexo y (posición difícil) Emmanuel introduce el suyo en mi boca ávida y atormenta mis pequeños senos. Los grandes no me gustan, me dice.

Mi cuerpo, completamente entregado, se retuerce. Emito gritos roncos, gemidos.

Sé que son cómplices, lo siento, pero nada me detiene y nada es más sagrado que esta bajada a los infiernos en un estado de goce inexpresable y lúbrico. Me han enculado y estoy orgullosa de ello. Luego, mientras yo excito el glande de Emmanuel, Gustave le penetra por el culo. Es tan profundo, tan fuerte, que le pido a Bruno que me masturbe con la misma fuerza. No he notado jamás una excitación tan viva, una especie de comezón de todo mi ser.

El amor, la vida, la muerte parecen entonces estar en nuestras manos.

—Champán, señores, por favor.

He tenido el acierto de ir con mis *olisbos* de madera *okoumé* para no quedarme colgada... Me siento sumergida en el oleaje de sus espermas y, cuando sus pollas se relajan, yo utilizo la mía.

El champán nos reanima, y las palabras. Tengo la sensación de estar viviendo un orgasmo eterno, infinito.

—Gracias, señores.

Me confiesan al final que mi cuerpo andrógino no ha sido ajeno a su placer.

Nos hemos vestido un momento para tomar algo. La cena que Gustave ha preparado de antemano es una delicia añadida a la sensualidad del Cantar de los Cantares.

Mi pulsión me ha intoxicado, me ha drogado, ha provocado en mí maravillosos titubeos como los que me asaltan cuando me fumo un Monte-Cristo o me inunda el vino.

Mi cuerpo extasiado, mi alma sudorosa.

Un galope desenfrenado, un trance frenético, un tren infernal y las conmociones de una alegría terrible.

11

La festivalera

Michèle Larue

—¿Me pone un vaso de agua?

—¡Estamos esperando que nos traigan la Perrier! A saber a qué hora vendrán estos... —refunfuña el camarero de la pajarita, atareado detrás de una mesa cubierta de platos sucios.

El escote más que generoso de Karine le insufla una bocanada de entusiasmo:

—¡Pero, vamos señorita! ¡Tómese un dedito de champán!

Las tres y media de la madrugada. Movida por la curiosidad de verificar si los hombres que la rodean dicen la verdad, es decir, que esa tarde no hay manera de encontrar un vaso de agua en todo Mogador, una ciudad digna de un *peplum* que se extiende del mar a las colinas, como Cannes, Karine se había acercado al bar. Acepta la copa que le tienden por encima de la cubitera.

—Un dedito no es nada pero, dedo a dedo, ¡pronto tendré cuatro manos, si cuento todas las copas que me he podido beber!

El camarero acaricia con los ojos los senos de la festivalera.

—Lo importante es no tocar los alcoholes blancos como la ginebra, o el vodka...

Pero la frase queda en suspenso. Con la copa en la mano, el objeto del deseo avanza dando saltitos hasta el borde de la piscina del brazo de un parisino que la saca a bailar bajo un carpa marroquí. La prenda de vinilo que lleva Karine fascina al género masculino como una reverberación cegadora de los efímeros.

En París, la vida cotidiana de esta profesional bancaria es banal. Se pasa las noches en el cine de su barrio, viendo películas americanas. Aparte de los festivales, cuando no está sentada en una butaca frente a una pantalla de los multicines Yvry, todo la fastidia. Este año da los últimos toques a su papel de picaflor rodeada de doce contactos primaverales que se llevó de Cannes, y se exhibe noche y día por las calles de la ciudad vestida de fetichista.

En los años noventa, se descubría a una vedete por las lentejuelas y la licra. Una vedete que quisiera imitar a las actrices del Hot d´Or atraía a una multitud de actores de todas las edades. No obstante, hacia el final del decenio, el body de estrás rojo en el que se pavoneaba Karine por la playa de Gray d´Albion la hacía de lo más apetecible para un productor en celo. El primer día del Festival, un cartel que se exhibía en la Croisette y en el que brillaba la sonrisa fría de la actriz Asia Argento le inspiró un nuevo atavío a la festivalera.

Vestida con un corpiño de vinilo negro parecido al de la señorita Argento, hoy se dispone a seducir a la más inaccesible de las estrellas americanas. Una correa le permite jugar con las copas de su sujetador, y si le apetece podrá desnudarse el principio de un seno. Una falda de hule se abre sobre sus largas piernas. Las correas cruzadas en el tobillo de sus zapatos de charol rojo cautivan las miradas perversas, y despiertan deseos particulares de los que Karine no es realmente consciente. Pero, al alba, hay un actor que todavía no ha franqueado el portal de la villa, y un dandy ataviado con un panamá le anuncia que el protagonista de la película homenajeada esa noche murió al final del rodaje.

Al día siguiente a mediodía, junto al Palais, un periodista de *Variety* la invita a tomar algo. Le da cita en el estand de la revista. Por fin, una buena pista hacia el actor americano... La azafata ve a Karine sola en una mesita, ocupada ajustándose el *bustier* para ocultar el inicio de sus senos, antes de proponerle una bebida. El periodista llama a la chica desde el móvil:

—¡Lo siento, pero tengo una entrevista con John Malkovich, no me esperes!

Karine le da una patada a la mesa. La llegada de la azafata trayéndole un vaso cónico de un azul espacial sobre una bandeja de plata la tranquiliza. Examina el vaso, lo olisquea...

—¿No tendrán un vaso de agua de esos grandes?

Una sonrisa anima el rostro cubierto de fondo de maquillaje de la azafata:

—¡La copa del día es vodka con pipermint!

Karine prueba el contenido del vaso con la lengua y luego, pensando en John Malkovich, se toma el coctel del día de un solo trago.

Al atardecer, vestida de vinilo negro, se sube a la terraza del Noga Hilton donde *West Side Story* ha recreado un ambiente de bar nocturno a pleno día, DJ, altavoces y láser bajo la vela, divanes de plástico con molduras junto a la piscina. Se contonea sobre sus plataformas calibrando a los hombres.

—¡Este ponche está fantástico!, se exclama ante ella un fotógrafo achispado.

Karine le ignora y se dirige a un camarero que lleva una ponchera, y al que le cambia la expresión al contemplar su escote.

—¿No tendrá una *Perrier,* por casualidad?

—Estamos esperando que nos traigan agua. Puedo proponerle algunos cubitos de hielo aunque no me comprometo a nada respecto de su sabor.

Se pide un tequila con tónica y se enfurruña antes los avances de algunos jóvenes ociosos. El más tenaz lleva un sombrero de paja con cinta y un chaleco de seda. Pese a los efluvios del alcohol que le nublan la memoria, su rostro le resulta familiar. Le pregunta:

—¿A qué hora hay que venir para ver a los famosos?

—¿Quiere dedicarse al cine? ¡Yo soy director! ¡Justo he terminado mi primera película! ¡En digital! ¡Pero en cuanto la hinche a 35 mm., nadie notará la diferencia!

Karine bosteza mientras el dandy le proporciona detalles técnicos. Al segundo tequila, un capricho de su interlocutora interrumpe sus explicaciones:

—¡Quiero acostarme con un actor! ¡Esta misma noche!

El brillo del desprecio empaña las pupilas del joven cineasta:

—Ah, bueno... pues, ¡buena suerte!

Frente al espejo del ascensor, Karine golpea con la yema de sus dedos sus ojeras hinchadas por la bebida. A sus treinta años, aparenta cuarenta en cuanto se toma una copa de más.

Una ducha muy caliente, algunos retoques del maquillaje, y sale de nuevo a la caza. Esta vez por una fiesta de aniversario donde Karine se atiborra de canapés. Reclama agua a gritos. En el bar, uno de los chicos le pasa a escondidas medio vaso de *Badoit* tibia.

—No le diga nada a su amigo. Nos la dan en cuentagotas.

El amigo de la chica es un cuadragenario que la sigue como un perro. Tiene pinta de filósofo o de psicoanalista loco, se dice Karine. Le parece habérselo encontrado en un café de Saint-Germain-des-Prés, en una de las terrazas por donde ella se prodiga durante el buen tiempo en busca de alguna vedete americana. Así conoció a Jack Nicholson en el café de Flore en 1991. También se acostó con Robert de Niro en 1996, con la ayuda de una amiga que trabajaba en una agencia de escoltas. El psicoanalista se ha parado en seco ante sus zapatos con correas.

—¡Qué zapatos tan magníficos!... Si quisiera usted pisotearme, no podría decirle que no...

La toma del brazo y se la lleva a un salón blanco donde Karine teme haber sido víctima de una alucinación: en un cubo de hielo depositado sobre una mesilla baja destaca una botella de *San Pellegrino*.

—Normalmente bebo siempre *Bénédictine*, le confiesa el hombre. Pero he entendido su mensaje a fuerza de seguirle la pista. Dormir en la villa me granjea ciertos privilegios, ya sabe...

Una de las celebridades alojadas en la villa debe viajar en compañía de su psicoanalista, supone Karine intentando considerar un ser humano a su benefactor. Si no hubiera agua con gas sobre la mesa, daría media vuelta, pero se muere de sed... y del nerviosismo provocado por todos esos hombres sin interés desde que ha llegado a Cannes halla una vía de salida... Ya que no parece haber un triste actor que echarse a la boca, ¿por qué no pisotear un rato al psicólogo?

El hombre la complace con encanto y clase, añade algunos cubitos de hielo al agua y cae arrodillado. Le besa los tobillos, pasea su larga lengua por las correas de sus zapatos, y luego se tumba sobre los azulejos.

—¡Píseme! ¡Soy suyo!

Karine murmura entre dientes imbécil pero se siente inmediatamente culpable. Le gustaría agradecerle la botella de *San Pellerino,* pero se traga sus palabras, que se le antojan inapropiadas. Entonces, con su precioso vaso de agua en la mano, camina sobre él. Camina sobre él de arriba abajo, hurga en su torso, del tórax a la entrepierna, pisotea los flancos y los pectorales con todo el peso de su cuerpo. Él le sonríe y la anima con la mirada mientras se entreabre la bragueta.

—Puede pisarme ahí. Una vez, me pusieron doce kilos de plomo encima de los testículos, una profesional parisina. Duda usted... ¿quiere dinero?

Karine mueve la cabeza, negando. Descubre la carne viva bajo sus pies, siente el calor a través del cuero, la consistencia de esa carne esponjosa le da la sensación de estar suspendida sobre un gusano gigante. Ella se atreve a poner la punta de la suela sobre el gusanillo que el hombre blande entre sus dedos como un trofeo:

—¡Mire! ¡Mire!

—¡Deje de soñar! No hay mucho que ver...

Ella apunta a su bragueta con uno de sus cubitos de hielo, pero no acierta.

—¿No podría masturbarme un poco?

—¿Cómo?

—Quiero decir... los senos. ¡Píseme los senos!

Se abre la camisa con gesto viril. Los botones rebotan en las baldosas. Karine abandona su pedestal para recoger dos o tres, y se sirve un vaso más de agua con gas.

El hombre tiene los ojos cerrados: Karine piensa que duerme. Siluetas de colores bailan en torno a la piscina. Se siente tentada a unirse a ellos, ejecuta algunos movimientos sincopados, muy rápido, y pierde el ritmo. Pisotear es fácil, de modo que se vuelve a subir al cuerpo caliente donde se tambalea un poco antes de hallar el equilibrio.

Se balancea sobre uno y otro pie, le aplasta las clavículas y, en cuanto el hombre abre los ojos, apoya el tacón del zapato sobre sus pezones con una mueca malvada. El torso del hombre se cubre de redondeles rojos. La contempla de pronto como si hubiera caído del cielo, y goza con una expresión de estupor manchándole los zapatos. Cuando Karine decide que debe lamérselos él, él aprieta los dientes con fuerza. Ella se encarniza, se enfadada, porque los zapatos son nuevos, pero finalmente abandona.

Cerca del bar dónde ella pide una última copa, se encuentra el dandy del sombrero de paja, uno de los mejores gorrones del Festival, porque va a todas las fiestas.

—Oiga, ¡su caballero andante ha tenido al público con el alma en vilo! ¡Toda la película reposa sobre sus hombros!

—¿Sus hombros?

Él la desafía con mirada guasona.

—¡No se haga la idiota! ¡Todo el mundo la ha visto disfrutar pisoteándole! Su primera película, *Los cuatrocientos cachetes,* tenía un título premonitorio, ¿no le parece? Sabía que era un salido pero, francamente, ¡me ha dejado de piedra! ¡Qué actor, ese Jean-Paul Daulé, jugando a relajarse cuando su nombre está en todas las bocas como posible Palma de Oro!

El barman le sirve una botella de agua sin gas a Karine, que la toma tiernamente entre sus brazos, estremecida y pálida bajo las luces del alba.

12

EL COCHE DE ALQUILER

MAÏNA LECHERBONNIER

Sábado, ocho y media de la tarde. Mi último viaje me ha llevado al aeropuerto de Turín. Este invierno está siendo glacial. Aparcado en el parking de la compañía de alquiler de coches, siento la humedad penetrante que se pega como un abrigo helado a mi carrocería a medida que pasan los minutos. Espero a mi nueva cliente, una nueva aventura. ¡Tal vez me lleve hacia esferas menos gélidas!

Las diez de la noche. Siento que un metal duro penetra en mi cerradura, y ese frío que me resulta conocido. Me abro. Una mujer de unos treinta años, bella, felina, sensual, que me dirige la palabra inmediatamente.

—Me llamo Maïna. Vamos a pasar el fin de semana juntos, espero que vivamos momentos fantásticos.

Introduce la llave en mi contacto y realiza un giro de noventa grados. A partir de ese momento, tengo claro que pasaremos un fin de semana realmente sorprendente.

Circulamos unos cuarenta y cinco minutos, en mi interior se está muy caliente, a unos 28 grados. Maïna ha puesto la calefacción al máximo y baila ante el volante al son de la música lúbrica y voluptuosa de Manu Dibango que ponen en una emisora internacional. Noto que la canción suscita un montón de recuerdos en Maïna. Probablemente de alguno de sus fantásticos viajes que la llevan, según le ha contado a alguien a través del móvil hace unos minutos, a las fuentes de los lagos africanos. ¡Está claro que esta chica no es una habitual del monóxido de carbono! Maïna se arremanga la falda. Sus nalgas están desnudas contra la tapicería de cuero caliente; siento que la humedad de su entrepierna se pega a mis paredes y la suavidad de su liguero acariciando mi marroquinería.

Las once y media. Estamos en una estación de servicio en la autopista.

—Eres como yo, mi bella berlina, ¡funcionas con súper!, me dice Maïna agarrando hábilmente la pistola de la manguera.

Con mano firme, me hunde el largo tubo de la gasolina en mi pequeño agujero. Se libera entonces un flujo de ese líquido dulce que me calienta y me recorre.

Una joven pareja aborda a mi conductora. En sus ojos chisporrotea la juventud. Los del chico son azur y los de su compañera verde veronés.

—¡Hola! Me llamo Phillipe, mi chica y yo vamos a Thonon, ¿puedes llevarnos, por favor?

Maïna les desnuda con la mirada de un depredador con ganas de jugar con su presa.

—¡Yo voy a Evian! ¿Os va bien?

—¡Fantástico! —responde la chica sin disimular su excitación. Me llamo Charlotte —añade.

—¡Vamos! —dice Maïna.

—¡Ponte a mi lado, Charlotte!

—¡Encantada!

Al cabo de algunos quilómetros, Maïna sorprende la mano de Phillipe haciéndose la despistada sobre la falda arremangada de Charlotte. Los ojos de ésta se llenan de emoción. A mi conductora no se le escapa el detalle. La vulva de esta última chorrea su humedad sobre la tapicería de mi asiento.

—¿Te gusta? le pregunta Maïna a su nueva amiga, con aire cómplice colocando la mano sobre la rodilla descubierta de Charlotte.

Charlotte suelta un suspiro de placer asintiendo con su sí lánguido.

Maïna, dejando la mano derecha a mi volante, sube delicadamente a lo largo de la pierna de Charlotte hasta la hendidura donde se encuentra con su tanga de encaje. Phillipe aprovecha la ocasión para acariciar con su mano la sedosa cabellera rubia de Maïna mientras, con la otra, acciona el mecanismo eléctrico de mi asiento hacia atrás. Maïna sigue conduciendo con una mano mientras con la otra acaricia el delicado gatito de Charlotte que, estirada, se retuerce bajo la lengua que Philippe aplica alrededor de sus pezones. El calor en mi interior es cada vez más tórrido. Se transforma en una mezcla agridulce de sudores, perfumes, flor de azahar, sándalo y el calor sexual.

Charlotte se vuelve en su asiento, se agacha frente a Philippe mientras Maïna penetra el culo y el coño de Charlotte con su mano derecha. Esta estira el brazo al máximo hacia su amante para poder desabrocharle los botones del pantalón de cuero de Philippe y sacar el objeto de sus deseos. Con pasión, toma la verga de Philippe en la mano para llevársela a los labios.

Chupa golosamente el miembro de Philippe, hambrienta como una yonqui a quien le falta la dosis. Aquello es demasiado, aquella situación inesperada excita a Maïna. El asiento sobre el que está sentada está cada vez más mojado. Con un golpe de volante, coge la primera salida que lleva a un área de servicio. En el límite del bosque contiguo al parking, sigue por un sendero muy recóndito. Apenas detenidos, Maïna se vuelve hacia Philippe y le da un beso en plena boca mientras sigue toqueteando el clítoris de Charlotte de un modo cada vez más insistente. De pronto, Philippe se exclama con un grito liberador. El chorro de esperma es tan potente y continuo que la boca de Chalotte no logra contenerlo. Una vez consumado el placer de Philippe, Charlotte explota gracias a las caricias expertas de Maïna.

—¿Sabes conducir?, le pregunta Maïna a la chica.

—¡Claro!, responde ella.

¡Maïna chorrea como una fuente! Se pasa a la parte de atrás con Philippe. La polla del chico sigue tiesa. Maïna se pone de rodillas, ofreciéndole su culito encantador a nuestro pasajero.

Mientras entro en el túnel del Mont-Blanc, siguiendo las órdenes de mi nueva conductora, Philippe penetra a Maïna con un embate seco y preciso. Esta suelta un grito a la vez desgarrador y henchido de felicidad. El bamboleo de las caderas del hombre se va acelerando, cada vez más violento. Los dedos de Maïna se hunden en mi reposacabezas al notar el calor que desprende la simiente que Philippe descarga en su sexo. Con un ojo en la carretera y otro en el retrovisor, Charlotte no pierde detalle de la fiesta. Con los muslos separados ante mi volante, introduce un dedo de su mano libre en el interior de su vagina, mientras Maïna le da a chupar uno de los suyos, mezcla de esperma y de ciprina.

Las 13.00. Évian. Maïna ha atravesado el túnel del Mont-Blanc, está en Francia en la cima de esta encantadora ciudad-balneario, donde se aloja en uno de los paradores que rodean el lago. Elige una suite en la planta baja, que da a un aparcamiento ajardinado, para poder echarme un ojo de vez en cuando. ¡No es muy habitual, encontrarse con un coche que habla! Aunque en la actualidad la tecnología moderna nos permite avisar de las carreteras y el itinerario que hay que seguir, ¡todavía no ha logrado que podamos expresar nuestros sentimientos! En cuanto llegamos, se va corriendo a la habitación y descubre encantada el jacuzzi del baño. Inmediatamente se desnuda, descuelga el teléfono y encarga otro tipo de burbujas.

Diez minutos después, llaman a la puerta:

—Entre —grita Maïna, con voz estridente— ¡estoy en el baño!

Una jovencita, probablemente una becaria, apenas dieciocho años, penetra en la intimidad de la habitación.

—Buenos días, señora, ¿dónde le dejo el champán?

—Si te refieres a las burbujas, déjalas junto a las otras...

La joven está sorprendida, pero obedece y entra en el cuarto de baño.

—No tengas miedo.

La camarera mueve la cabeza, se acerca a Maïna y deja el brebaje mágico sobre el borde de la bañera.

—¿Se la abro, señora?

—¡Sí, claro!

La joven coge la botella. Intenta extraer las preciosas burbujas de su interior. ¿Falta de experiencia? Tal vez. Pretende que el tapón estalle pero no lo logra. Maïna se echa a reír.

—¡Mira! Este tipo de botellas son como el sexo de un hombre.

Sólo se les puede hacer explotar con tacto.

Maïna se incorpora en la bañera. Su desnudez ruboriza a la joven.

—¡Observa bien, querida!

Maïna pone su mano sobre la de la chica.

—Mira, para hacer que el glande de la botella estalle, hay que agarrarlo bien.

Maïna, con la mano delicadamente posada sobre la de la chica, le explica con un vaivén ascendente y descendente cómo retirar hábilmente el gollete.

—Hay que apretar, ¡pero no demasiado! De cualquier modo, sólo lo preciso para que salga el líquido.

Al cabo de varios movimientos de ida y venida a lo largo del cuello de la botella, una vez eliminada la armadura metálica, el líquido explota y libera su néctar precioso, manchando la blusa blanca de la camarera.

—¡Champán!, se exclama Maïna—. ¡Ten, tómate una copa, te has mojado toda! Te has ganado un sorbo de burbujas. Quítate la blusa. Te la secaré. ¿Cómo te llamas?

—Aude, señora.

La joven se acerca. Maïna desabrocha uno a uno los botones de la blusa de la jovencita, que dejan al descubierto dos pequeños y hermosos cerros con forma de manzana. Sus manos recorren de manera maternal, aunque pícara, la piel lisa, firme y de una suavidad sedosa de la joven.

—¡Estás empapada, pequeña!

Maïna percibe, satisfecha, la turbación de la chica.

—¿Tienes novio? —le pregunta.

La joven se ruboriza de nuevo y no se atreve a contestar.

—El amor, Aude, es como el champán, cada vez que pruebas sus burbujas es como una explosión de placer que invade todos los poros de tu cuerpo.

Mientras la seca y diserta sobre los juegos del amor y del azar, la mano, y luego la boca carnosa y glotona de Maïna se demoran sobre el triángulo de la joven becaria. Instantes después, las dos mujeres se dejan ir en un intercambio de una pureza y sensualidad tales que evocan en Maïna a su primera amante, Patricia.

Las tres de la tarde. Maïna viene por fin a mi encuentro.

—Después de esta mañana tan cargada —me dice—, tú también necesitas un buen baño. ¡Está decidido! Mientras yo acuda a mi cita, te van a hacer un tratamiento de belleza.

Me deja en un centro especializado donde, por espacio de dos horas, me hacen brillar con mil caricias; noto incluso que la simiente de Philippe que ha quedado en mis asientos me penetra, hasta las costuras más íntimas de mis asientos de piel.

Las cinco de la tarde. Nos encontramos por fin, una y otro dispuestos a lanzarnos a través del tiempo.

—¿Qué tal ha ido todo? —le pregunta Maïna al chico del lavacoches.

—Muy bien, señora. Aunque quería señalarle que su coche pierde un poco de aceite.

—¡Mi pobre coche! No puedo permitir que estés así. Ahora mismo te llevo al garaje.

En cuanto llegamos al taller, el mecánico me desnuda. Saca un montón de herramientas que introduce dentro de mi tubo de escape antes de ponerme en marcha. Para su sorpresa, escucha que mi motor ruge como el de un vehículo de fórmula 1. En ese mismo instante, veo que Maïna penetra en el antro de ese hombre que me hace ronronear, con el pretexto de informarse sobre mi estado. En realidad, ha constatado sobre todo el tacto con el que este hombre ha hecho vibrar mis pistones. Esta mezcla de sentidos automóviles y masculinos la turba mucho, tanto como a mí.

Observa minuciosamente el mono que el mecánico lleva muy pegado a la piel; sus ojos se demoran sobre su cremallera, abierta hasta el ombligo. El chico debe tener unos veintiún años y probablemente procede del país donde fabrican los mejores coches de carreras, Italia.

Por otra parte, tiene las mismas crines y la belleza insolente del caballo que decora el capó de los Ferraris. Ella tampoco se queda corta. Experta en el lujo y en la jet-set, adivina inmediatamente la pieza excepcional que quiere añadir a su colección. Su reacción se parece a la que experimenta cuando acude a los talleres de los mejores modistos:

¡es incapaz de resistirse a la tentación de probarse un modelo de los creadores jóvenes!

Maïna se acerca al mecánico. Ha cuidado del detalle de que su escote de su blusa esté lo bastante abierto como para que se entrevea el nacimiento de sus senos y la profundidad de su pecho mágico. La excitación de sus pezones se transparenta tras la seda salvaje.

—Y dígame... —tercia ella aproximándose con ademán de cazadora. —¿También repara bólidos?

El joven mira fijamente a Maïna a los ojos. Su mirada es azul como el Adriático.

—Ya sabe, señorita —le responde con un ligero acento transalpino—, yo siempre al servicio de las carrocerías hermosas...

Para Maïna, es como si hubieran bajado ya el banderín a cuadros. Señal de inicio del gran premio del amor. Yo, estacionado sobre un puente neumático, seré el testigo de un duelo de placer. Maïna se sienta sobre el motor caliente, que va acelerándose como la tranca del mecánico a través de la tela de su mono. ¡El ambiente del taller es muy caluroso! Maïna abre la cremallera del mono del mecánico.

¡La mano de Maïna avanza segura! Acaricia tiernamente el torso imberbe del muchacho y desciende lentamente hacia el objeto que codicia. Desliza su cuerpo a lo largo de mi carrocería hasta que su boca toma posesión de miembro grande y grueso de su copiloto. Lo recorre con el deleite de una colegiala ante su postre favorito. ¡El rabo del mecánico está hinchado como un globo aerostático! A punto de explotar como un motor de fórmula 1. A punto de hacer el lleno de «supermatozoides». Ella lo bombea, glotona, lo aspira hasta los cojones, lo que suelta un flujo inmediato de esperma que traga con pasión, gota a gota.

Pasándose lascivamente la lengua sobre los labios, Maïna se incorpora y frota su cuerpo contra el de él. Luego se tumba sobre el capó y se abre exageradamente de piernas para atraer a su amante, igual que una mantis religiosa hambrienta.

Las manos callosas del mecánico cogen a Maïna con fuerza por la cintura, le quita la blusa, desliza su mano bajo el pliegue de la falda, le da la vuelta y se la lleva, fogoso, a la cabina de pintura. Sus dos sexos ávidos de placer se rozan y se buscan.

Maïna está pegada contra la pared con la violencia de un hombre que teme perder a una mujer. La chapa está fría y rugosa. Los senos de Maïna se ponen duros como el mármol. Él introduce sin dudar su «brioso» en el esfínter de mi conductora, a quien encula sin dilación.

Mi motor se acelera, cada vez más y más de prisa. Todos mis pistones, mis correas y los demás accesorios están en ebullición.

Las siete y media. Al salir del taller del fogoso hidalgo, Maïna y yo estamos lubricados como vehículos de competición. Sólo veinte minutos después, estamos de regreso en el hotel. Me aparca cuidadosamente frente a la cristalera de su suite, que deja entreabierta.

—¡Qué día! —exclama Maïna desvistiéndose y sirviéndose una copa de champán.

Alza la copa en mi dirección y me grita:

—¡Salud!

Luego desaparece en el cuarto de baño.

Las nueve de la noche. Se abre la puerta del baño de Maïna. Lleva un fabuloso vestido de coctel de seda, muselina y encaje.

—¿Lo ves? —me dice—. Me gusta arreglarme cuando salgo a cenar.

Las nueve y media. Me confía al aparcacoches, que me deposita ante las lujosas ventanas del Casino de Evian. Maïna empuja la puerta del prestigioso establecimiento y se dirige hacia el restaurante. Escruta la sala, repara inmediatamente en la mejor mesa y se instala en ella, sonriente, contenta, ligera. Con hastío, le hace una señal al maître: «¡Champán!».

Las once. Cruza la sala de juegos del casino con andares felinos en dirección al black-jack. Ante la mesa de juego, sus largas piernas se cruzan y se descruzan según las cartas que va recibiendo. Provocadora por naturaleza, deja entrever su pequeño coño goloso. Se complace, malvada y juguetona, haciendo ruborizar al croupier, que nota los efectos que la sensualidad desbordante de esa mujer está provocando en él.

Domingo, la una de la madrugada. Maïna sale del casino bastante satisfecha de sí misma. Ha ganado 2.000 euros. El aparcacoches me lleva hasta ella. Ésta, definitivamente incorregible, pone un billete de 100 euros y un preservativo en el bolsillo del joven cuidando de que la punta de sus dedos roce su verga:

—¡Sólo para ti! —le dice, burlona.

Las dos de la madrugada. Tras un paseo a orillas del lago, volvemos al hotel.

Como de costumbre, Maïna me aparca frente a la cristalera de su suite.

«¡Tengo realmente la sensación de ser su guardaespaldas!», me digo.

Se desabrocha el vestido con un gesto rápido y la prenda cae a sus pies. Sin ceremonia, subida a sus tacones altos, Maïna se sirve una última copa de champán y se dirige hacia su cama de tamaño extra.

—¿Lo ves, cariño? Primero me he reconfortado y ahora disfrutaré de la comodidad —me dice. Por fin puedo descansar, la noche es tranquila y apacible.

Las once y media de la mañana. Maïna se estira, a lo largo y ancho de su cama.

«Tengo un hambre canina», exclama.

Coge el teléfono y el menú de desayunos.

—Servicio de habitaciones, buenos días. ¿En qué puedo servirla, señora?

—Tráigame un desayuno opíparo, joven. Este fin de semana estoy realmente hambrienta.

Al cabo de unos treinta minutos, llaman a la puerta.

—¡Adelante! —dice Maïna.

La joven doncella del día anterior, Aude, le presenta un carrito con su desayuno. Hay bollos, fruta, huevos, panceta, salmón, zumos distintos y toda una variedad de sabores diversos y variados.

—¡Buenos días, Aude! —le dice Maïna.

—¡Buenos días, señora! —le responde Aude aún turbada por el encuentro anterior.

—Te brillan los ojos, cariño. ¡Espero que hayas tenido en cuenta los consejos que te di ayer! ¿Has gozado como es debido? Siéntate aquí, cerca, y cuéntamelo todo enseguida. ¿Cómo te lo pasaste ayer por la noche? ¡Estoy impaciente por saber si eres una buena alumna!

Aude se acerca, se sienta al borde de la cama dónde está tumbada Maïna, medio desnuda, abierta a todas las oportunidades de esta vida que tanto ama, de un modo completamente carnal. Esta mujer, estoy segura, no huye jamás de sus pulsiones.

—¡Ven, acércate más, Aude!

A la chica se le empañan los ojos.

—Sabe... perdón, ¿Sabes, Maïna? Se trata de Gabriel... el sumiller... Tiene veinticinco años y, ¡le amo!

—Muy bien, ¿y cuál es el problema? —replica firme Maïna.

—Que cree que soy demasiado joven para él. No para de repetirme que prefiere a las mujeres más hechas...

—¡Ah, ¿sí?! Bien, pues vamos a verlo. Dame la extensión de su servicio —exige Maïna levantándose.

—¿Oiga? ¿Es el restaurante?

—¡Sí, señora!

—Páseme con el sumiller, por favor.

—Buenos días, señora, soy Gabriel, ¿qué puedo hacer por usted?

El tono suave y viril de este hombre atrae a Maïna.

—Soy la clienta de la suite 69, quisiera una botella de Krug millésime —ordena Maïna con un tono que no admite réplica.

—¡Excelente elección, señora! Ahora mismo se la llevo —responde con tono condescendiente.

Maïna se vuelve hacia Aude y le dice amablemente:

—Primera fase terminada. Ahora, pasemos a las cosas serias. Aude, cuando él llame a la puerta, vete al salón de mi suite. Observa... y espera a que yo te llame.

Al cabo de quince minutos, Gabriel llama a la puerta de la suite 69.

—Sí —responde Maïna con voz pretendidamente relajada.

—Soy Gabriel, el sumiller, señora.

—¡Entre! Deje el champán en el cuarto de baño.

—¡Sí, señora! —responde él, visiblemente sorprendido.

Maïna le sale al paso, y se sienta al borde del jacuzzi, desnuda bajo una bata transparente de encaje. Inmediatamente, tras haber sumergido su mirada en los ojos angelicales de Gabriel, le siente, le sabe turbado por la situación.

—¿Puede abrirla, Gabriel? —le pregunta con voz cálida y orgullosa.

—¡Sí, señora! —le responde Gabriel con voz balbuceante, sin saber a dónde mirar.

—Beber champán es siempre una experiencia maravillosa, ¿no le parece? —le pregunta Maïna, con un timbre cada vez más sensual, deleitándose en la turbación de Gabriel. —¡Tómese una copa de éste néctar!

—No sé si debo —responde Gabriel con la frente perlada de sudor.

—¡Claro que sí! —insiste Maïna, con las piernas ligeramente separadas frente a él, y su coño entreabierto bajo los faldones de su salto de cama. —¡Dicen que los grandes sumilleres pueden hacer su trabajo con los ojos vendados! —añade ella llevándole hacia la cama.

—Claro, señora, qué duda cabe... —le responde el muchacho orgulloso como un gallo joven.

Maïna sale inmediatamente del cuarto de baño, y se dirige hacia el dormitorio llevando a Gabriel de la mano.

—¿Por qué no me lo demuestra...?

Maïna coge uno de sus pañuelos de seda de la maleta, lo transforma en una venda y se coloca detrás de Gabriel. Le venda cuidadosamente los ojos y aproxima su cuerpo al de él.

—¿Ve algo?

—Nada, señora —le responde Gabriel un poco desconcertado por la situación.

—Y ahora, ¿nota algo? —le dice con tono malicioso al posar su mano sobre el miembro del muchacho.

Maïna le tiende una copa a Gabriel con una mano y, con la otra, desabrocha la bragueta de su nueva presa, y luego agarra su miembro con una mano firme y experta.

—Así pues, ¿qué le parece el brebaje? —le pregunta iniciando un vaivén lento sobre la verga del muchacho.

—Excelente —se exclama él con un suspiro de placer.

—Voy a cerrar las cortinas y a apagar la luz, así estaremos en igualdad de condiciones —le propone Maïna.

Corre las cortinas para que sólo se filtre un rayo de luz a través de las telas elegantes, como si quisiera que yo, el coche de alquiler, fuera el único testigo de su placer.

Gabriel se sienta al borde de la cama y las piernas ya no le sostienen, abrumado por la sensación del momento. Su miembro está duro y espera a Maïna.

Ella se pone de rodillas delante de él y le chupa suavemente. Acaricia con una mano la base de su miembro, y con la otra sopesa las bolsas mágicas henchidas de savia.

El muchacho se tumba de espaldas, mientras acaricia suavemente la cabellera de Maïna. Le dice, con voz jadeante:

—¡Es maravilloso!

Maïna asciende por el cuerpo de Gabriel. Sus senos ondulan, su lengua de serpiente lame cada uno de los rincones de su anatomía. Se acurruca contra su cuerpo hasta que sus dos bocas se unen en un beso apasionado. Comprueba que el pañuelo impide que Gabriel vea, se levanta un momento y va a buscar a Aude en la habitación contigua. La camarera está lívida y avanza con paso servil.

—¡Ven al paraíso conmigo, querida! —le susurra Maïna mientras le quita sus braguitas de algodón.

Lleva a la muchacha hasta la cama, le desabrocha la blusa blanca. Tiene los senos casi núbiles tensos por el deseo, visiblemente excitados por la escena.

Mientras tanto Gabriel, aún con la venda y tumbado de espaldas, pasa la mano por la parte interior de los muslos de Aude, húmeda y deseosa de las caricias del chico. Maïna roza el miembro del chico para motivarle un poco más.

Mientras le besa en el cuello, la mano de Maïna se une a la de Gabriel sobre los muslos de Aude. El acto reflejo del chico consiste en retirar la mano pero Maïna, que ha colocado la suya sobre la de Gabriel, la coloca inmediatamente en la dirección adecuada, acariciándole la cabeza, cuidando de que no se quite la venda. Gabriel comprende que hay dos mujeres, dos coños delante de él. Maïna dirige la boca de Aude hacia la polla en erección que tanto la ha hecho soñar por las noches, con la almohada entre las piernas.

La chica mete torpemente el miembro de Gabriel en su boca, con la timidez de la inexperiencia, mientras Maïna empuja la cabeza de Gabriel para que la penetre con su lengua. El trío inicia una partitura cargada de placer y de deseo.

A la vez que se contorsiona bajo los lametazos de Gabriel, Maïna hace ascender a la camarera hasta que su cuerpo está sobre la gruesa verga del sumiller. Agarra suavemente la base del pene de Gabriel y lo dirige atentamente hacia la entrada de la rajita de Aude que suelta un bufido felino, mezcla de placer y de dolor.

—¿Es la primera vez? —le pregunta Maïna con un susurro púdico.

Aude asiente con un movimiento de la cabeza, mientras sigue empujando espasmódicamente el largo falo de Gabriel hacia su interior.

En ese instante, y ante los embates repetidos y frenéticos de la lengua del sumiller, Maïna goza en la boca del muchacho. Las manos del chico ascienden por las piernas de Aude hacia su cintura. La toma, la comprime contra su cuerpo, a la vez que inicia un movimiento de balanceo con su pelvis. En cuanto a Maïna, misión cumplida.

Se levanta, mete sus pertenencias en la maleta mientras mira como la joven pareja hace el amor. Después les sirve dos copas de champán que coloca sobre la mesilla de noche junto a una pequeña nota impúdica en la que les desea, a su manera, un avenir de placeres eróticos. Abre la puerta de la suite 69, mira por última vez a la pareja, cierra suavemente y deja que el amor siga su curso...

Las dos del mediodía. Tras pasar por la recepción para despedirse y dar las gracias a los propietarios de ese parador por su excelente hospitalidad, Maïna se reúne al fin conmigo.

—Bueno... —exclama ella. —Al fin solos, querido. Dirección Marsella-Marignane, esta noche tengo una cita con un amorcito en Túnez...

Las seis de la tarde. Llegamos a nuestro destino.

—No nos digamos adiós —me susurra tiernamente Maïna— sino hasta la vista. Seguro que volveremos a vernos en alguno de nuestros viajes.

Contemplo como Maïna, con ademán conquistador, se aleja de mí en dirección, en busca, estoy seguro, de aventuras extraordinarias.

13

DESEOS NEGROS

MARIE LINCOURT

La noche africana había caído brutalmente, como cae una cortina oscura y colma el aire de ruidos y rumores sordos.

El café de nuestro hotel en Mombassa, oculto en la frondosidad de un patio florido, estaba ya lleno de gente cuando entré la primera, precediendo a Pierre que me sujetaba la puerta galantemente.

Habíamos llegado el día antes para celebrar el decimonoveno aniversario de nuestra boda, y, finalmente, yo estaba haciendo realidad mi fantasía de un regreso al mundo salvaje.

Abriéndome paso a codazos, llegué hasta una mesilla en un extremo un tanto alejado de la barra del bar, donde una decena de bebedores sedientos se tomaban whiskys con Coca-Cola a pequeños sorbitos. Pedí una menta con agua y Pierre se decidió por una ginebra.

La mano de mi marido se deslizó de pronto sobre la mía y se volvió de terciopelo para acariciarme, como un gato escondiendo las garras.

¿Estás bien, querida? —preguntó. —¿No te sientes muy desorientada en este ambiente?

Sonreí ante la ingenuidad de la observación. Naturalmente que estaba desorientada pero ese, y no otro, era el motivo de que hubiéramos ido allá.

Me dejé acariciar la mano, la muñeca, el brazo, entrecerrando los párpados como una leona lascivamente tendida al sol, para saborear mejor el placer sensual que me procuraba su tacto, y me demoré deleitándome en el escalofrío que su caricia provocaba sobre mi piel.

De pronto, tuve que abrir los ojos, casi a mi pesar, como guiada por una voluntad más poderosa que la mía. Mi instinto me puso inmediatamente alerta.

Frente a mí, a apenas algunos metros, un hombre con ojos como tizones y un vaso en la mano forzaba mi intimidad, exigía mi mirada. Yo respondía a su llamamiento y le observaba.

Un africano achaparrado, robusto, de rasgos groseros, que contrastaba extrañamente con la belleza natural de los masai, acodado con desenfado en la barra del bar. Sus ojos me repasaban de la cabeza a los pies, se deslizaban a lo largo de mis piernas desnudas y regresaban, luego, morosos, para posarse en el pliegue de mi escote con una impudicia que me turbó al instante.

Todo en él me sorprendió: su cabellera hirsuta atravesada por una especie de puñal, su nariz chata, su boca de labios gruesos e hinchados que descubrían una hilera de dientes amarillentos con un hueco en uno de los incisivos frontales, sus manos macizas e inmensas que imaginaba callosas, y en definitiva todo ese cuerpo, tan compacto y robusto, que parecía capaz de ahogar a un hombre con su peso.

Apenas había esbozado su semejanza cuando noté, de repente y con tal intensidad dicha presencia que en ese mismo instante imaginé que ese cuerpo denso se pegaba al mío, y hacía surgir un dulce calor de la grieta de mi vientre.

Aparté la mirada, consciente de mi debilidad, e intenté recomponerme, ahuyentar esas imágenes, aunque fue en vano. No pude impedir que mis ojos fueran de nuevo hacia él.

El hombre me acechaba. Como una fiera al acecho, atrapó mi mirada y zambulló en ella la suya sin circunloquios. Noté entonces cómo sus ojos ardientes atravesaban mi cuerpo, se apoderaban de mí, de mi intimidad más absoluta, y hurgaban en ella sin pudor.

Todavía hacía mucho calor, ese calor húmedo y bochornoso que agudiza los sentidos. El olor agrio del sudor mezclado con el del alcohol flotaba en el aire, liberando perfumes pertinaces que me turbaron más aún.

Instintivamente, apreté los muslos como para protegerme pero permití que se abrieran de nuevo, incapaz de mantenerlos cerrados durante mucho rato. Se fueron separando lentamente, develando mi tanga color carmín. Deslicé discretamente una mano bajo la mesa, para cerrarme la falda, pero tenía los muslos húmedos y calientes y su contacto sobre mi piel hizo que mi mano se deslizara ligeramente hacia mi sexo, que rocé suavemente.

Entonces me sentí inundada. De mi vientre se derramaba todo mi deseo por ese hombre negro que me subyugaba.

No había perdido detalle de mis gestos. Imperceptiblemente, el hombre arqueó la pelvis hacia adelante y su mano derecha rozó discretamente la protuberancia que asomaba de su pantalón. Mi corazón se desbocó, y sentí sus latidos golpeando mi pecho. Tenía ganas de llevarme las manos al corazón, como para refrenarlo. Pero lo que se agitaba en mi interior en ese momento era ya un mar rugiente.

Estaba inmóvil nuevamente, paralizada en mi silla, completamente concentrada en su mirada de fiera que me recorría sin cesar y que se había apoderado totalmente de mí. El hombre tenía la frente perlada de sudor, y entreabrió la boca para dejar que su lengua espesa se deslizara lentamente sobre sus dientes. Inmediatamente, se empezaron a imprimir las imágenes más dementes y más triviales en mi espíritu. Le imaginaba cruzando la sala, con andares determinados y pesados, y viniendo a mi encuentro. Yo no me movía. Entonces él se inclinaba sobre mí y me levantaba del asiento antes de tumbarme sobre la mesa, ofrecida a las miradas impúdicas de toda esa gente que tampoco dejaba de mirarme.

Yo me dejaba hacer, torturada de deseo y de vergüenza a la vez, también de una cierta repugnancia por ese ser odioso al que, sin embargo, deseaba tan violentamente, y cuyos dedos sentía acariciándome el vientre e infiltrándose en mi coño completamente abierto. Él me toqueteaba lenta y largamente mientras yo bufaba sin cesar, abierta de piernas y entregada, cerrando los ojos para no ver todas esas miradas ávidas fijadas en mí.

Entonces imaginaba que el hombre, doblándome de pronto las piernas, casi brutalmente, para que me abriera más, se ponía de rodillas sobre las baldosas frías y duras que cubrían el suelo. Con su boca a la altura de mi sexo, en equilibrio precario, agarrándome las nalgas con las manos, hundiendo ligeramente sus uñas en ellas, me lamía ávidamente, me chupaba sin cesar, y deslizaba su lengua rasposa por mis labios y mi clítoris mientras yo me retorcía de placer bajo la intensidad de sus caricias. Yo también estaba empapada, y notaba un reguero de sudor entre mis senos. Mi vientre se endureció violentamente.

Del exterior procedían un ruido en sordina de tambores y su sonido reverberaba en mí, agudizando aún más mis sentidos. Ya hacía tiempo que había perdido la cabeza, y ahora empezaba a perder pie.

Miré hacia él. La llama de sus deseos bailaba en sus ojos y comprendí que conocía los delirios que estaban jugando conmigo. Estaba como hipnotizada a distancia y recibía por telepatía las fantasías de que era objeto.

Le imaginé entonces de pie, al borde de la mesa, sujetándome los muslos con ambas manos y el sexo erguido como un trofeo. Se inclinaba hacia mí y me lo introducía con una lentitud extrema, milímetro a milímetro, con el fin de demorar mi suplicio hasta que pidiera compasión, yo, con el cuerpo entero gritándole al amor, hasta que le suplicara que me penetrara del todo, que me llenara por completo, yo, que en ese momento necesitaba por encima de todo que me poseyera. E imaginaba que se retiraba y regresaba, como un mar agitado, adentrándose cada vez un poco más, hasta el fondo de mi vientre, a golpes profundos y repetidos que me hacían zozobrar.

Cerraba los ojos, incapaz de resistirme a dicha evocación, y noté al instante un poderoso espasmo en mi sexo que me inundó de nuevo.

Cerré violentamente mi mano alrededor del vaso, tan violentamente que las falanges de mis dedos se pusieron blancas y temí romper el cristal.

¿Estás bien, querida?

La película se detuvo en seco y la voz de Pierre me llegó como a través de una espesa pared de algodón.

¿Estás bien, querida? —repitió.

En esta ocasión, tuve que abrir los ojos y vi mi reflejo en el espejo colgado de la pared. Estaba enrojecida, hirviendo de fiebre, la frente cubierta de sudor, y Pierre se inclinaba sobre mí, inquieto. Tuve que hacer un esfuerzo sobrehumano para articular.

Tenemos que irnos, Pierre. ¡Tenemos que irnos ahora mismo!

Él no me entendía.

¿Qué pasa? ¿Por qué?

Incapaz de aducir ninguna razón, apoyé los brazos y las manos en la mesa para incorporarme.

Tenemos que irnos —repetía yo mecánicamente.

Era totalmente incapaz de decir nada más, y me dirigí hacia la puerta con paso titubeante, los ojos fijos delante de mí para escapar del hombre bajo cuyo hechizo me hallaba.

Pierre se levantó de golpe y vino en mi ayuda, pues yo me tambaleaba bajo el impacto de tantas emociones. Afuera el viento había amainado, y la brisa ligera me ayudó a recuperar la calma.

Cuando subí a la habitación, quise quedarme un ratito en la terraza para recobrar el aliento. Pierre se reunió conmigo y empezó a desnudarme lentamente. Le dejé hacer, sin moverme, torturada aún por deseos insatisfechos.

Pero, una vez desnuda, le estreché en el frescor de la oscuridad y me pegué a su cuerpo suspirando, oscilando mi pelvis contra la suya, prodigándole las caricias que deseaba con tanta intensidad. Él me dejó hacer pero, al cabo de poco, me dio la vuelta para que me apoyara en la barandilla del balcón.

Abajo, el café del hotel brillaba en la noche negra y se oían voces y risas de vez en cuando.

El rostro del hombre negro se me apareció de nuevo. Me arqueé y tendí mis nalgas hacia Pierre que me tomó sin más, de un solo embate, mientras yo escrutaba el patio donde adivinaba la silueta de un hombre agazapado en las sombras, cuyo fantasma duplicó hasta el infinito el placer que sentí y cuya imagen obsesiva conservé para mí durante las noches siguientes.

14

¡Oh, muñeca bonita!

Lucie Lux

Al principio, fue todo un flechazo. Las imágenes desfilaban y, de pronto, la Mujer: Mei.

Su mirada frágil, melancólica, emocionó a Régis al instante. Era Ella.

Al principio, él había visitado la página web de *Realdoll* porque sí, por curiosidad, porque se había enterado de su existencia a través de un programa de televisión. Por mera curiosidad, porque para él las muñecas eran un juego para niñas, es decir, la expresión de una cierta miseria sexual.

Luego vio a Mei y la idea de comprarse una muñeca le tentó cada vez más.

Se veía obligado a constatar que desde su ruptura —se habían cumplido tres años— le resultaba imposible entregarse a una mujer, en definitiva, construir una relación, una verdadera relación. Sus intercambios con el bello sexo se limitaban a la carne. Como si su mujer, al abandonarle, se hubiera llevado su alma. Como si ya no fuera más que un falo con patas. Bueno, al menos él así lo veía.

http://www.realdoll.com
Muestra 7
Mei
Cara: tipo 9
Cuerpo: tipo 2
Tono de piel: asiático
Color de los ojos: marrones
Color del pelo: negro

Inútil pues que Régis construyera su fantasía femenina, dado que los distintos elementos, de los ojos a la talla de los senos, estaban detallados en la web, y Mei encarnaba en todo lo que él andaba buscando.

Comprar una *Real Doll* no era como comprar una muñeca hinchable, que se le antojaba el súmmum de la vulgaridad y el síntoma, en su opinión, de un trastorno libidinoso. Adquirir a Mei era un compromiso y en ningún caso podía considerarse un capricho. Mei costaba 7.000 dólares. Régis calculó que debía renunciar a sus vacaciones y echar mano de su cuenta de ahorro vivienda para poder permitírsela.

Una vez encargada, además, había que esperar cuatro meses, el periodo necesario para la realización de esas muñecas de silicona completamente fabricadas a mano.

Hacía cuatro meses que Régis fantaseaba con la llegada de Mei. Había impreso las fotos de su prometida, que descargó del catálogo electrónico de *Real Doll*. Las había ampliado y las colocó en su dormitorio, en la puerta del armario que estaba frente a la cama. Y, ritualmente, se recogía ante ese icono pagano y lujurioso para dar rienda suelta a su simiente. Siempre con los mismos gestos. Sentado en la cama, acariciaba el retrato glacial de la euroasiática con una mano y, con la otra, y con un eficaz movimiento de vaivén, hinchaba su miembro hasta alcanzar la explosión salvadora. Imaginaba todas las posiciones que podría practicar con ella. Fantaseaba con combinaciones imposibles, inimaginables (incluso para el autor del *Kama Sutra*)... con una mujer de carne, y sin correr el riesgo de dañarla. Además, Mei siempre consentiría en satisfacer sus caprichos indecentes.

Sus senos —una talla 95 D— le volvían loco. Anhelaba jugar con su densidad, con su elasticidad, deslizar voluptuosamente su verga en su interior, notar la suavidad de su piel de plástico. Cuantos más días pasaban, más suponía Mei para Régis la posibilidad infinita de explorar los arcanos insospechados de su placer. Mei, en una ecuación carnal, no significaba sino el placer, el placer absoluto, perfecto. De pronto, Régis decidió tomarse una semana de vacaciones para disfrutar sin fin de su pareja en cuanto se la entregaran.

Mei llegó por fin, ajustada, en posición sentada, en el interior de una gran caja de madera, con un frasco de silicona y una pequeña pera para limpiarle los orificios. Habían colocado una rosa artificial entre sus manos.

Régis, febril, desató a Mei con una dulzura minuciosa. Primer contacto con el cuerpo de silicona fría. La llevó a su habitación. Le hubiera gustado que fuera aún más ligera. Cincuenta kilos, el peso de una mujer media, una *Real Doll* no tenía porque ser fiel hasta en el peso.

Acostada en su cama de soltero, Mei era de una hiperrealidad francamente turbador. Régis la contempló durante largo rato, antes de ponerle un vestido rojo de satén. La cambió de posición. Ahora estaba sentada. Su perfección de plástico le deslumbraba. Todo era tal como lo había soñado. Su boca glotona, sus ojos de cierva, su aire ausente, la esbeltez de sus brazos, de sus piernas. Su busto generoso. La perfección hecha mujer, o más bien la mujer perfecta hecha muñeca. Había imaginado que, la primera noche, emprendería su descubrimiento, suavemente, para familiarizarse mejor con ese nuevo ser. Estaba todo preparado, el lubrificante para los labios, y el pequeño agujero. La manta eléctrica para infundir un calor carnal a ese envoltorio de silicona.

Pero Régis estaba allá, en una silla junto a la cama, fascinado por la belleza impecable de su compañera. Hasta el punto de olvidar el ritual con el que pensaba celebrar sus nuevas nupcias. Ya no pensaba en meter su miembro dentro de su boca carnosa, en poseerla en extrañas posturas.

Mei le hipnotizaba. No podía ni moverse. Al final, se durmió y la frialdad del lubrificante acabó despertándole. Régis fue a acostarse al sofá, pues le resultaba inconcebible imponerle su cuerpo a ese ser grácil y frágil. Tampoco se podía imaginar masturbándose delante de ella. Hubiera sido una obscenidad incongruente, insoportable.

Al día siguiente, despertó a Mei. Delicadamente, la transportó hasta la exótica butaca de mimbre, que no en vano recordaba la del cartel de la película *Emmanuelle*. Le cepilló con cuidado la larga cabellera negra y le cubrió la nuca y las mejillas de besos tiernos.

Mei desprendía un fuerte olor a silicona. Y a Régis no le gustaba nada. Decidió perfumarla, con una muestra de perfume que le había regalado una dependienta. Algunas gotas detrás de la oreja. Al verter la fragancia sobre el busto, la ranura de sus senos le llamó la atención. No había visto jamás un espectáculo tan emotivo.

Mei turbaba a Régis, pero Régis no se empalmaba. Estaba hechizado, pero era incapaz de pasar a la acción. Esa nueva Eva no desprendía ningún tipo de alquimia sexual. Ni liberaba ningún tipo de carga sexual. A Régis le envolvía únicamente una gran nube rosa.

Afuera brillaba el sol. Régis colocó a Mei bajo esa luz reconfortante para verla resplandecer. Se sentó junto a ella a leer el periódico. Tenía la sensación de que, de vez en cuando, le guiñaba un ojo. Cuando terminó la lectura, Régis se despidió de Mei dándole un beso en la nuca y se fue a la compra.

Durante el camino, Régis se sintió perplejo. No había previsto la posibilidad de que no usara a Mei. Y resulta que la encontraba demasiado hermosa, temía estropearla, mancillarla follándosela. Le parecía que hubiera constituido una falta de respeto. Mei era magnífica y precisamente por eso le resultaba imposible convertirla en la amante que él esperaba. ¿Mirar una película porno con ella? La idea le resultaba insoportable. No podía cambiar de perspectiva, ni ver en ella otra cosa más que esa belleza uniforme que no podía, no quería empañar.

Ni tan siquiera había osado mirar su ranura imberbe, o meter un dedo en ella, a ciegas.

De regreso a su casa, dejó la compra en la cocina y la colocó. Luego se dirigió hacia Mei, irremediablemente inmóvil. Notó que tenía un golpe en un ojo. Presa del pánico, se acercó a ella. El sol era demasiado fuerte, y el lado de la cara que quedaba expuesta, cerca de la ventana, había quedado ligeramente dañado. Y también los senos, a consecuencia de las manchas de perfume. Reculó para constatar la totalidad de los pequeños desperfectos que había sufrido el cuerpo de Mei. Y se dio cuenta de que Mei bizqueaba.

Mei bizqueaba. Qué horror.

Mei bizqueaba.

De pronto, sorprendió a Régis la sensación de que se le estaba poniendo dura la verga, y notaba toda su epidermis electrizada. Aceleración cardíaca. Estaba empalmado. Mecánicamente, se acarició por encima de los vaqueros. La cabeza le daba vueltas, presa de una poderosa excitación. Mei le turbaba carnalmente, y su ojo bizco había sido como un fulgor, un destello. Recuerdo de su primer amor en el instituto, Juliette. Era más fuerte que cualquier otra cosa. Su apéndice eréctil había adquirido una dureza explosiva.

Cogió el gel, lo aplicó frenéticamente sobre su miembro y penetró a Mei Juliette con satisfacción, fogosidad y pasión.

¿Quién dice que a los hombres no les gusta jugar con muñecas?

15

JAMÁS DOS SIN TI

MÉLANIE MULLER

Les quiero a los tres.

Él, sentado al fondo del bar, que lame su cerveza bebiéndome a sorbitos con la mirada… Yo soy su espuma, generosa y ligera, que se pega y se fija en las comisuras de sus labios…

El otro, amigo por encima, amante por debajo de la mesa del bar, que se empalma furiosamente con las caricias clandestinas de mi pie.

Tú, finalmente, mi marido, mi amor, sentado junto a mí. Te devoro a besos y a pensamientos tiernos, no sospechas ni por asomo mis frivolidades, no adivinas ni por un instante mis crueles infidelidades…

La música también, que transcurre y se desliza como un hilo entre mis hombres, perlas preciosas o de bisutería, me derramo hacia ti para besarte tiernamente los ojos y cerrarlos a los lengüetazos, patéticos, del desconocido que está al fondo de este antro y arrastra la espuma del deseo sobre su boca. Me hace señas y el otro, el amante, también, pero tú no ves nada.

¿Nada?

O acaso lo ves todo, y soy yo la que no adivino nada, esta noche. Tal vez tu indiferencia está cargada de suposiciones… qué más da, así me quieres y así me aceptaste, de movimientos libres, de sonrisas libres.

El amante se exaspera, su protuberancia patalea y gesticula bajo los roces de mi pie juguetón, mis tacones casi rasgan la tela de sus vaqueros, él permanece aparentemente impasible y muy cortés, saborea sonriendo el vino que le ofreces, a pequeños sorbos, como un gato bribón. Bajo mi zapato el amante es bastante más grosero…

Te envuelvo en mis brazos cariñosos mientras los dedos de mis pies avanzan un poco más en la exploración de su entrepierna, torturo la excrecencia, la de su sexo y la de sus ganas de tomarme, de tomarme en sus brazos, entre sus piernas, con sus dedos entumecidos de tanto esperarme.

Tomarme. A mí.

La música está tan fuerte que hablar es casi una falta de delicadeza. Yo vivo la noche en tres dimensiones, inútil sumar una más, esta música me gusta. Pero, ¿y a vosotros, mis adorables juguetes?

A ti, te gustaría que te escucháramos, te gustaría, en este ambiente confuso, íntimo, tu yo él, desvelar algunos secretos sobre tus actividades... Hombre de negocios, versión truhán; y luego a él, delante de nosotros, le gustaría decir que le importa un pito, una mierda, que su única ambición consiste en follarme, como haces tú, todas las noches...

Y él, allá al fondo, retirado, ¿piensa en lo mismo que yo? ¿Que no hay dos sin tres?

Pongo cara de estar pasándolo bien, jovial y correcta, pero mi cabeza y mi vientre están perforados de pensamientos triples. Aunque enlazada, rodeada, deseada y doblemente amada ya, me levanto, el lavabo de mujeres está al fondo de la sala. La atravieso con porte de reina, reina de esta velada y de este lugar anodino que yo transformo, lentamente, en lugar de excesos y de orgía... El vino no me hace titubear, más bien todo lo contrario, se asienta firmemente en mis pasos y hasta la punta de mis senos... ¡y de mi temeridad! Al llegar a buen puerto, a apenas unos centímetros de mi bello desconocido, le susurro llena de audacia:

¿Vienes?

Y él viene.

Los lavabos son muy estrechos y nuestro acercamiento es inmediato. Me sube la minifalda apresuradamente. Lenguas y manos toman la delantera sobre las presentaciones, flirteamos con ellas hasta perder el aliento, como si nuestro tiempo estuviera contado. ¡Y lo está! Deslizo mis dedos bajo el jersey de rayas rojas y amarillas y me siento inmediatamente pegada a su piel... Con el lápiz de khol negro para los ojos le escribo el número de mi móvil sobre el torso imberbe.

Su sexo camuflado está duro y de lo más inspirado, lo noto, pero no me da tiempo a quemarme las alas en él, me esperan.

¡Vuelve pronto!

Y yo le rechazo riéndome, sí, pronto, muy pronto, muy pronto...

Beso salvajemente a mi marido metiendo mi lengua traviesa en su cuello y en su oreja, perfume de lavanda y miel, desliza su mano bajo mi falda para hallar, entre mis labios, la prueba de una turbación fiel y deliciosa. En cuanto a mi pie, sigue divirtiéndose haciéndole cosquillas al burlete que aumenta notablemente, ¡cuando suena mi teléfono móvil!

Bonito encuentro —susurra el desconocido a través de mi teléfono.

Con el descaro, se ha instalado en una mesa detrás de la nuestra y me mira de arriba abajo con una arrogancia divertida.

Afortunadamente, mi marido y mi amante se enzarzan en un diálogo agitado y no le prestan atención a esa llamada que me acapara, aunque el amante ha cogido mi zapato y me lo ha quitado discretamente. Me acaricia el pie apasionadamente, como si tuviera diez manos, y siento su bragueta a punto de explotar; mi mano izquierda masajea el sexo de mi marido, henchido de intenciones dulces y salaces y, finalmente, mi mano derecha está al teléfono con el desconocido que me murmura obscenidades delirantes. ¡Qué trío!

Mi marido. Me gusta su olor. Es ahí, en ese aroma donde un día posé mi equipaje, mis ganas, mis fantasmas y mis trapos. Todo mi equipaje. ¿Todo? No. La bolsa del fin de semana no.

El amante. Me gusta su mirada, que me manda volutas de deseo reprimido, sus manos expertas y ardientes, nuestra complicidad bochornosa en las zalamerías que nos hacemos debajo de la mesa: su magnífico mástil, con el que me siento capaz de desviarme del rumbo...

¿Y el desconocido, pues? Con su jersey a rayas como el de un marinero pero de colores más cálidos que me recuerdan la arena dorada: me gusta su boca, y los riesgos que nos hace correr. ¿Iremos a rodar sobre una playa prohibida o permaneceremos alerta en este contexto exótico?

Me levanto de nuevo, acuciada por la necesidad, un cortejo incesante, ese baile de los ojos y los gestos febriles, hago piruetas, trazo remolinos, esta vez el alcohol me hace vacilar un poco, pierdo un poco el pie, mariposa nocturna enloquecida por un exceso de luz.

¿Qué le pasa? —me dice el camarero, guasón.

¡Oh, nada! Tres veces nada.

Deambulo por una jungla que me hace rodar la cabeza entre tu, el dulce panda, el osito cariñoso del que no se puede prescindir, entre la fiera enjaulada, dispuesta a abalanzarse sobre mí, a hacerme pedazos, y frente a la serpiente venenosa que me observa con ojos terroríficos desde el otro extremo de la sala...

Yo soy el animalillo acorralado. La presa. Que no desea sino que la muerdan y degusten...

En nuestro cubículo exiguo, el reptil me aprieta y me abraza, y yo sólo miento a medias...

Pero ha sonado la hora. ¡Hay que irse a casa!

Tú vas a pagar mientras el amante impulsivo desliza un pie descalzo entre mis muslos y se anima en el encaje de mis medias... y yo me siento aturdida, un hombre está bien, pero, tres... ¡viva la desmesura! Me quito discretamente las bragas y se las meto en la bolsa, para que pueda masturbarse con ellas esta noche.

El desconocido menos desconocido me sonríe y sostiene en la mano el móvil que nos vincula. ¿Me llamará? Me gustaría que así fuera...

¡Mientras tanto, vaya una nochecita!

De regreso a casa, rechazo amablemente a mi marido que está de lo más excitado con nuestra salida, aduciendo un «esta noche no...» agotado.

No le cuento que me basta con mis sueños y que prefiero, con la ayuda de mis dedos, partir al asalto de otros cielos, realizar un pequeño crucero por el vicio...

Protesta un poco, se duerme, ronca y sólo entonces hurgo en mi sexo, en busca de mis tres mosqueteros...

Estoy húmeda, húmeda como un huevo roto que se vierte en un cuenco. Pegajosa. Viscosa. Mojada. Me chupo los dedos, que saben a agua de mar, salada y azucarada a la vez.

Me retuerzo y me contorsiono bajo las sábanas, intentando no desvelar a mi amor, rezumo un poco por él un poco por ti un poco por los tres. Os imagino, mis príncipes encantadores, durante un breve viaje, llenando tres pequeños agujeros, y luego se van…

16

EL BAILE DEL CAÑO

EMMANUELLE POINGER

A la salida de la boca de metro, el viento glacial de ese inicio de noviembre azotó a Sandrine, que se subió el cuello del abrigo. Una rápida ojeada a su reloj de pulsera le hizo acelerar el paso por las calles desiertas y silenciosas. Si no se daba prisa, se la perdería... Bostezó tanto que le dolió la mandíbula y decidió que, para despejarse, cubriría a paso de carrera los dos kilómetros que aún la separaban de su destino. Le quedaban menos de quince minutos...

Sandrine hacía la limpieza en Tony´s, uno de los bares de noche de más fama en la capital. Había dudado antes de aceptar el puesto en pleno centro del corazón lujurioso del sexo y de la noche. Pero su situación financiera no le dejaba elección.

Antoine Saccamanci, el propietario del local, no le había ocultado sus dificultades por encontrar a alguien que aceptara limpiar los restos pegajosos del placer de sus clientes en el polipiel de las banquetas de los *peepshows,* o incluso en la sala grande. La había avisado que, pese al buen salario, los treinta y un días de vacaciones anuales y una mutua que pagaba la empresa, no aguantaría mucho... Pero ella aguantó.

El cabaret Tony´s era muy grande. Tres despachos en la planta, cinco camerinos para las bailarinas, tres salones privados de *peepshow* y una gran sala de espectáculo con una escena central, dos escenarios anexos, una barra inmensa y dos jaulas suspendidas encima de las mesas.

El Tony´s, abierto siete días por semana, no se vaciaba jamás. El establecimiento cerraba a las 5 de la mañana, hora en la que Sandrine comenzaba su jornada. No se cruzaba jamás con la clientela.

De no ser por ese trabajo, Sandrine no hubiera entrado jamás en un bar de alterne... Había frecuentado algunos *nightclubs*, pero nada parecido al establecimiento cuyos bronces bruñía...

No era sólo una expresión... Templo del vicio y de la noche, a la luz cruel de los neones el Tony se convertía en una sala deslucida donde el oro, los espejos y el terciopelo no conseguían disimular las pinturas desconchadas, las colgaduras marchitas y las banquetas desfondadas. La decoración constituía otra mezcla indescriptible de relumbrón, barroquismo y mal gusto.

A Sandrine el local le parecía desfasado, falso como un decorado de cine, pero lo que más la sorprendía es que no desprendiera ningún tipo de ambiente erótico. ¡Hasta las jaulas suspendidas parecían estar esperando a unos tities gigantescos!

Lo único que la fascinaba era la barra de metal fijada en el centro de cada uno de los tres escenarios. Las famosas barras del baile del caño.

Antes de entrar a trabajar en el cabaret Tony´s, Sandrine no sabía nada de la *pole dance*, o de la *lapdance*, de la diferencia entre una *gogo girl* y una artista del estriptís y consideraba que las bailarinas de encanto eran una especie de prostitutas aventajadas.

Y no se equivocaba tanto. La mayoría de las chicas del club se subían al escenario porque era una manera fácil de ganar dinero. La mayoría de ellas colgadas, enganchadas a alguna sustancia, no duraban mucho en el Tony´s. Se iban a probar suerte con el porno o la prostitución antes de regresar, en algunos casos, a bailar para Antoine Saccamanci.

Sandrine sentía compasión por esas chicas. Pero había simpatizado con Véronique, la bailarina más antigua del local, que vivía con uno de los barmans.

Véronique sentía pasión por su oficio. Le había explicado a Sandrine todas las sutilezas de las danzas eróticas. Era una *pole dancer* y consideraba que dicho ejercicio era un arte. Explicaba, con la mayor seriedad, que le gustaba jugar con su cuerpo ante un público desencadenado, pero que le gustaba esa disciplina por pudor, para no bailar desnuda. Estaba muy orgullosa de su espectáculo y le hizo prometer a Sandrine que iría a verla.

Ese sábado era la última representación de Véronique, porque estaba encinta.

Y por eso Sandrine llegó al Tony´s a las 4 y media justas, jadeando y sin aliento pero a tiempo.

Descubrió la sala que se sabía de memoria bajo otro ángulo. Los focos transformaban los volúmenes, cambiaban los perfiles, modificaban los colores. Los proyectores que apuntaban a los escenarios y las jaulas acentuaban la oscuridad del resto de la sala, y los rostros de los clientes quedaban en una penumbra adivinatoria. Una vez más, el Tony´s estaba lleno a rebosar.

Se instaló en un rincón oscuro, lejos de la clientela, para asistir discretamente al espectáculo. Pero cuando Antoine Saccamanci la vio, insistió en que se sentara en la barra, en un taburete alto frente al escenario. Le ofreció una copa de champán y le pidió al vigilante que cuidara de ella para que ningún cliente pesado la importunara.

Desorientada por los decibelios que golpeaban agresivamente sus tímpanos y por la fiebre que parecía perturbar a la clientela, Sandrine se sentía ridícula, encaramada en su taburete con la copa de champán en la mano. Luego, progresivamente, se acostumbró a la penumbra, al ruido, a la electricidad que flotaba en el aire.

En los dos escenarios pequeños, unas chicas, demasiado maquilladas como para que Sandrine las reconociera, llevaban disfraces minimalistas de cowboys (sombrero *stetson*, chaleco de cuero y chaparreras de piel). Exhibían sus sexos depilados y sus senos retocados sin ningún pudor. Se movían rítmicamente y lanzaban sus lazos al aire, por encima de las cabezas de los hombres embriagados por ese espectáculo alucinante.

Al alzar los ojos, admiró, dentro de las jaulas, a dos bailarinas más, en topless, que adoptaban poses mucho más pornográficas: se acariciaban el sexo y lamían vibradores fluorescentes con gestos provocativos que enardecían al público. Inesperadamente, y protegidas por las vallas, arengaban trivialmente al gentío, imitando escenas obscenas. Sus cuerpos relucían, cubiertos de aceites, y Sandrine comprendió porqué el suelo de esas jaulas era siempre tan difícil de limpiar.

¿Le pongo otra, Sandrine? Véro no puede tardar...

El marido de Véronique, detrás de la barra, se dirigió a ella para ofrecerle otra copa de champán. La había vaciado sin darse cuenta. Sin duda, era el motivo de que se sintiera más cómoda... El alcohol la había ayudado a relajarse y la tensión sexual del lugar, casi palpable, la había conquistado. Por fin entendía lo que buscaban los hombres en sitios como aquel.

Desde su taburete, observaba a la clientela, fauna abigarrada y cosmopolita donde, curiosamente, las mujeres eran bastante numerosas y parecían apreciar el espectáculo tanto como los hombres.

Gritaban, silbaban, aplaudían, bebían, se reían, vibraban... Un muestra del conjunto de la humanidad...

Una sirena estridente retumbó, sostenida, en la sala, por encima de la música. Imperceptiblemente, aumentó la tensión entre la asistencia y el público se congregó, de pie, junto al escenario central, como movido por un ritual secreto...

El marido de Véronique se aproximó al oído de Sandrine y gritó para que ella pudiera oírle:

Es la señal que anuncia que Samsara va a salir a escena.

Su voz estaba teñida de orgullo. Su gentil Véro se ocultaba bajo esa falsa princesa oriental.

Se hizo esperar, desear, suplicar durante dos o tres largos minutos. El gentío coreaba su nombre, silbaba, la sala vibraba de entusiasmo e impaciencia...

Apareció por fin bajo una tormenta de aplausos, envuelta en una nube de humo artificial y las primeras notas de *Carmina Burana* la acompañaron hasta casi la barra.

Sandrine no la había visto nunca con el vestuario de escena. Estaba subida a unos tacones de aguja de más de diez centímetros, sus enormes senos desbordaban de un micro-sostén de encaje negro y llevaba también un mini-short a juego.

Sandrine la encontró sencillamente bella. Increíblemente provocadora y deseable. Se acordó de los grandes discursos de su amiga acerca del pudor. Vestida así, Véronique estaba más desnuda y más sexy que cualquier otra mujer desnuda.

Véronique agarró con mano firme el mástil de acero cromado, bruñido todos los días con los cuidados de Sandrine. Empezó a mover el cuerpo con ondulaciones sensuales. Mientras la sala electrizada aullaba de satisfacción y deseo, emprendió una danza tórrida alrededor de la barra de metal. No es que fuera muy atlética, pero la intensidad sexual de cada una de sus actitudes hacía olvidar la simplicidad de sus movimientos. Sus caderas se retorcían, sus pies y sus dedos se deslizaban por la barra vertical. Mientras se enroscaba alrededor del mástil, paseaba su mirada oscura de felina indómita por el público sin detenerse en nadie, y cautivaba al gentío como se hechiza a una presa. Parecía estar nutriéndose del deseo que despertaba en los demás. Desprendía una fuerza sobrenatural serena, extraña y cautivadora. Le hacía literalmente el amor al tronco cromado que se convertía en la pareja que todo el mundo deseaba ser.

Sandrine estaba fascinada por el cuerpo que se movía al ritmo de la música a lo largo del metal y sintió que se excitaba realmente ante la visión del espectáculo.

Su deseo no era debido a la plástica perfecta de la bailarina, a sus senos retocados o a su culo capaz de parar el tráfico, pero el impacto de esa mujer sobre su público turbaba profundamente a Sandrine.

Samsara era distinta a las otras bailarinas.

Olivia, Eva, Joy, Sonia, Cristale y las demás incitaban a los clientes con sus actitudes lascivas y provocativas, sus bocas entreabiertas, sus posturas obscenas y sus miradas intencionadas. Su pantomima ultrajante del acto de la carne hacía que sus prestaciones fueran innegablemente tórridas, pero profundamente vulgares y uniformes. Vista una, vistas todas.

Samsara era distinta en el sentido de que se entregaba en cuerpo y alma a la pista. Entraba en una especie de trance sexual indescriptible, e interpretaba toda la gama de movimientos y actitudes seductores con una sensualidad alucinante.

Sin tocarles, sin mirarles, sin hablarles, conseguía que todos los presentes en la sala se empalmaran y esa sensación de poderío absoluto perturbaba a Sandrine hasta el punto de humedecerle las bragas.

Comprendió la pasión con la que Véronique se entregaba a la *pole dance* y fantaseó con bailar también ella, algún día, en torno a aquel accesorio mágico.

Al final del espectáculo, abrumada, fue a felicitar a la diosa del escenario por su magnífica interpretación. Véronique la recibió con su amabilidad habitual y se despidieron con tierna efusividad, prometiéndose mutuamente mantenerse en contacto.

Tras su partida, Sandrine empezó su tarea por las oficinas, en el primer piso, a la espera que se vaciaran las salas de la planta baja. Puertas cerrándose, últimas carcajadas, los motores de los coches, y luego el silencio... El rótulo luminoso de Tony´s Cabaret se apagó. Los noctámbulos cedían el sitio, por espacio de unas horas, a las bayetas, productos de limpieza y otro tipo de guantes de caucho.

Cuando bajó a la sala, Sandrine, que habitualmente disfrutaba de la calma y la soledad, se sintió oprimida por el silencio ensordecedor que había invadido el lugar. Bajo la iluminación cruda de la luz directa, la sala le pareció más pequeña que de costumbre.

La invadió una marea de nostalgia al ver el escenario abandonado. La música se había callado, y Sandrine tenía la sensación turbadora de que los deseos insatisfechos de público ausente aún resonaban en el espacio.

Puso de nuevo la música para librarse de esa sensación desagradable.

Poco a poco, el malestar se fue disipando y se apoderó de ella su ánimo habitual. Trabajaba a buen compás, dejándose ir al ritmo de las melodías que se encadenaban.

El palo de la escoba le recordaba extrañamente la barra metálica e imaginaba las figuras más audaces, las más elaboradas que dicha barra le permitía a la bailarina emérita que era ella.

Porque Sandrine era una bailarina aguerrida. Había sacrificado su infancia y su juventud a la danza y había soñado con dedicarse a ella. Pero la vida la había llevado por otros derroteros.

Estaba bruñendo la barra central cuando reconoció la introducción de la pieza que se había preparado para una audición a la que se había presentado trece años antes, para participar en una comedia musical... Notó que una corriente eléctrica le corría por la espalda, estremecía su columna vertebral y le bajaba por las piernas. Sin darse cuenta, soltó el trapo y los productos de limpieza y, movida por una pulsión incontrolable, empezó a contornearse al compás de la música. Se quitó la bata que restaba libertad de movimiento, y luego siguieron el jersey, la falda y los zapatos. De pronto, sólo llevaba el body y las medias. Desembarazada de toda constricción, empuñó el mástil y empezó a bailar, apoyándose en la barra.

Agarró el objeto y, calentándose a ritmo creciente y con la música subrayando su esfuerzo, encadenó el baile de la boa, hizo el pino, ángulos rectos y spagats verticales contra la barra. Se sentía poseída por la música y por el esfuerzo físico.

Cuando la canción tocaba a su fin, improvisó una figura para final para detenerse, de espaldas a la barra, con un gran *spagat* de frente. La sala se llenó de nuevo de silencio y ella se sintió un tanto idiota, sola, en medio de ese escenario sin público.

Inesperadamente, resonaron unos aplausos aislados al fondo de la sala. Se incorporó, paralizada.

¿Quién anda ahí?

Soy Antoine.

Antoine Saccamanci, su jefe... Ni le había visto ni le había oído llegar. Sintió que el pánico se agarraba a su garganta:

Dios mío, perdóneme, no sé qué me ha entrado. Una pulsión incontrolable... Es la primera vez, créame... Debe haber sido el champán... Como no acostumbro a beber...

Lo soltó de un tirón, sin detenerse a respirar, y luego se le quebró la voz y se detuvo. Prosiguió con un murmullo apenas audible:

No me despida, por favor. Necesito el trabajo.

Antoine le respondió amablemente:

No tengo ninguna intención de despedirla, Sandrine. Sólo he venido a admirarla.

Ante su perplejidad, le explicó:

Tal vez no se haya dado cuenta nunca, pero hay cámaras de vigilancia en la sala. Los monitores de control están en mi despacho. La veo trabajar todos los días. No es que la espíe, la miro de vez en cuando, por reflejo... Hoy la estaba observando desde arriba antes de decidirme a bajar. Sus movimientos eran muy enérgicos, muy físicos.

Gracias. El baile es mi pasión.

Ya lo he visto, no ha estado mal, aunque…

Aunque, ¿qué?

Bueno… que baila usted como si corriera la maratón.

¿Qué quiere decir?

Pues que le falta sensualidad a su actuación.

La ofensa la hizo enrojecer.

No se lo tome a mal, Sandrine. La *pole dance* exige mucha fuerza muscular y mucha coordinación, pero no basta con eso… Se requiere también fluidez, feminidad, sensualidad. ¡Es más que un deporte, más que un baile, es un arte!

Sin saber porqué, se sintió profundamente humillada. Y respondió con un tono seco para ocultar su decepción:

Tiene razón, no soy sensual, y no lo seré jamás… Será mejor que me dedique a la limpieza.

Se dirigió hacia sus trapos, pero él la detuvo con un gesto.

No me malinterprete, Sandrine… Lo conseguirá… Lo intentaremos juntos, yo la ayudaré. Será la mejor bailarina de *pole dance* de todo Francia…

¿De verdad?

Su sonrisa se acentuó.

¡Confíe en mí!... En primer lugar, debe llevar tacones. En mallas y body podría estar sexy pero, plana, no logra el mismo efecto. ¿Qué número de pie calza?

En cuanto se lo dijo, se ausentó un momento y regresó al instante con unas botas bucaneras muy altas de cuero negro. Con las botas, la silueta de Sandrine se transformó al instante.

Con mucha naturalidad, abandonó el usted de cortesía para pasar a un tú mucho más personal.

Bien, y ahora hay que encontrar un nombre artístico… Veamos… Sandrine, Sandy, Cindy, Cinderella… Cinderella es perfecto… Y suelta los guantes de caucho y ponte los guantes de satén… ¡Me encanta!

Sí, claro… a medianoche, cojo otra vez la escoba…

Mientras tanto, empieza a bailar de nuevo. Suavemente... Venga, poco a poco, para acostumbrarte a los tacones. Cuidado con torcerte un tobillo...

Realizó los dos o tres primeros movimientos con paso vacilante, pero pronto halló su equilibro, se sintió segura y comprendió la ventaja que le podía sacar a esos zancos...

Como un experto, él valoró sus progresos y prosiguió con su lección improvisada.

Bien. Poco a poco... Venga, Cinderella mía, ahora, haz que tus gestos sean sensuales. Hay espejos en todas partes, hasta en el techo... Contémplate, observa tus movimientos... ¿Ves esas sacudidas, lo frías que son?... Tus gestos tienen que ser más envolventes ... Juega con tu cuerpo... Imagina a tu público... Convéncete de que estás aquí para que se empalmen, de que eres la mujer más deseable del mundo, de que jamás has estado tan guapa...

Su ademán se volvió más cálido, más lascivo... El reflejo que le devolvía el espejo parecía el de otra mujer, una desconocida, Cinderella, tal vez... Le gustó lo que vio y la turbó su propia imagen.

La turbación la desinhibió y le permitió acentuar aún más esa feminidad, esa sensualidad que exudaba su cuerpo.

Percibió inmediatamente la sutil metamorfosis que se estaba operando en su persona...

Imagínate que estás haciendo el amor con el hombre de tu vida. ¿Tienes a un hombre de tu vida?

No.

Ella tuvo la sensación de que era la respuesta que él esperaba. Y prosiguió:

Bueno, pues entonces imagínate que estás haciendo el amor con... conmigo... No, estoy bromeando... Imagínate a tu actor favorito... Imagínate que haces el amor con él. Concéntrate en esa imagen, buscaré una música que te ayudará a encontrar el *groove*.

Rebuscó un momento entre las músicas grabadas y eligió el sensual *Déshabillez-moi* de Juliette Gréco.

Déjate llevar por la música, Cinderella... Piensa en todos esos hombres que han pagado para ver cómo te mueves, piensa en todas las pollas que se yerguen para rendirle homenaje a tu belleza, piensa en todas esas vergas que te presentan sus respetos, exacerbadas por el deseo que tu cuerpo provoca, piensa en el placer que les causas aunque no puedan rozar jamás tu piel con sus labios, aunque no conozcan jamás el sabor de tu cuerpo... Escucha como corean tu nombre artístico, cómo aclaman tus formas, cómo te veneran, enloquecen por ti, ¡se empalman! Muévete, muévete, haz que se levanten todas esas trancas, haz que se yergan y te hagan un pasillo de honor mientras bailas... Es su homenaje a tu feminidad, a tu belleza.

La música penetraba su ser y se mezclaba con la voz de Antoine que hacía nacer en ella una excitación que no había sentido jamás.

Ella cerró los ojos y las imágenes de Samsara deslizándose contra la rampa invadieron su córtex con la fuerza de un oleaje. Imaginó al gentío bajo ella, con los ojos fijos en sus caderas, en su culo... Notó la potencia de todos esos sexos endurecidos por el deseo de tomarla, tocarla, poseerla, y su vientre se contrajo con una violencia inaudita.

Cuando abrió de nuevo los ojos, constató que la luz pálida de los neones había dejado lugar a las luces más dulces de los focos, que la bola de espejitos giraba de nuevo y arrojaba reflejos irisados sobre su cuerpo.

Antoine había comprendido que le sería más fácil soltarse bajo una luz tamizada y artificial.

Empezó a contonearse alrededor de la barra. Su cuerpo estaba poseído por la magia de la música. Su baile, antes demasiado deportiva, adquirió mayor flexibilidad, se hizo más lánguida, el juego de espejos le permitió controlar, modificar, adaptar sus actitudes. Poco a poco, los movimientos de Samsara cobraban vida en su propio cuerpo. Acabó por deleitarse en el reflejo que le remitía el espejo central. Minuto a minuto, iba cobrando seguridad, audacia, hasta convertirse claramente en una lagarta, en una hembra, en una perra. Se contoneaba con la facilidad de una tigresa, desprendía una sensualidad tal que ningún hombre se habría resistido a su exhibición solitaria. En su cabeza resonaban los aplausos de un público imaginario. Adivinaba cómo las vergas se erguían en los pantalones, oía el ruido del tejido tensándose bajo la presión de sus deseos. Escuchaba sus respiraciones entrecortadas, veía como sus ojos se inyectaban en sangre, percibía la aceleración de sus pulsos.

Notaba que se estaba haciendo más grande, soberbia, poderosa, dominante, y ese sentimiento desconocido desató en ella una excitación sexual irreprimible. Descubrió asimismo que una parte de ella era profundamente deseable y que, además, ¡le encantaba esa sensación! Cuanto más pensaba en las reacciones que el público podía experimentar al contemplarla, más imaginaba a los desconocidos empalmarse discretamente deseándola, y más aumentaba su excitación. Notaba que su vientre se inundaba, sus labios se hinchaban de deseo, su clítoris se hinchaba de sangre. El calor que la estaba invadiendo no tenía nada que ver con el esfuerzo físico. Las puntas de sus pezones, que se erguían arrogantes a través del tejido, estaban tan tensas que le dolían. Sandrine, que no podía soportarlo, sacó sus generosos senos del escote del corpiño para notar la frialdad del metal contra su piel. Se acarició lentamente contra la barra, que ahora veía como una especie de falo gigante. Lamía la vara, la pulía entre sus senos. Ya no bailaba, hacía el amor con ese compañero de acero.

El escenario, la música, Antoine, el público, todo había desparecido. Ya no quedaba más que una obsesión: gozar. Gozar para liberarse de la tensión inaudita que el baile y la barra habían despertado en ella.

Tenía que liberar también su sexo encarcelado. Hizo saltar los corchetes del corpiño y, con un gesto seco y preciso, rasgó la licra de las mallas a la altura de su entrepierna y permitió que se asomara una mata de pelo oscuro y corto y sus labios carnosos, húmedos de deseo.

No había dejado de bailar en ningún momento, así como tampoco había soltado la vara metálica que se había convertido en su único centro de interés.

Se frotaba los senos, la zona lumbar, las nalgas, su sexo, contra el acero. Se alzaba con la fuerza de sus brazos y se dejaba caer con los muslos apretados contra la barra, su intimidad en contacto directo con la vara. Luego le ofrecía el centro de su rostro oculto, separándose para que su ano estuviera en contacto directo con el metal. Acariciaba una y otra vez sus senos con el mástil.

Con las piernas flexionadas y los muslos ligeramente separados a ambos lados de la barra, combada hasta el extremo, con la cabeza echada para atrás, los brazos extendidos y las manos crispadas sobre la barra, gozó... deslizándose arriba y abajo contra el acero, cada vez más rápido, dejando que la frialdad del metal le mordiera el clítoris hasta el placer extremo.

La descarga fulgurante la hizo jadear.

Se deslizó hasta el suelo, trastornada por la intensidad del placer que la había sacudido.

Sentada en el suelo, apoyada en la barra, intentaba recuperar el aliento —dividida entre el persistente oleaje de las sensaciones extraordinarias que acababa de experimentar y la vergüenza de haberse soltado ante los ojos atentos de su jefe— cuando Antoine se le acercó.

Lentamente, él le tomó la mano y se la colocó sobre su sexo. Parecía que iba a explotar y Sandrine percibió cómo iba aumentando de tamaño.

Mira lo que has hecho... Mira lo que puedes provocar en los demás...

Había un deseo tal en su voz que Sandrine le deseó a su vez. Nada la excitaba más que el hecho de sentirse deseada. Espontáneamente, puso sus labios sobre la bragueta deformada por la presión del miembro.

Sandrine, quieta... El *pole dancing* consiste en excitar a los hombres, no en satisfacerles... Es un oficio de zorra, de mujer gancho, no de puta...

No soy una puta. Tengo ganas de ti. Tengo ganas de llenarme con tu verga de hombre a la que he dado vida bailando. Quiero sentir la prolongación de ese deseo nacido de mi exhibición en mí... Antoine, tengo ganas de ti.

Sin pronunciar palabra alguna, le tendió la mano para ayudarla a incorporarse, se abrió los botones de la bragueta del pantalón y, mientras ella se apoyaba de espalda a la barra para resistir a sus asaltos, la penetró con un embate limpio y poderoso. Ella rezumaba de deseo y le acogió sin ninguna resistencia... Se amaron largamente, apasionadamente, de pie, en mitad del escenario... La barra, lejos de estar celosa, se hizo cómplice de sus embates. Sandrine se apoyaba en ella para ofrecerse en las posiciones más extremas. Cuando Antonie le dio la vuelta para tomarla por detrás, la vara le permitió a Sandrine adoptar una ángulo recto perfecto, colocando sus divinas nalgas en pompa. El cuadro era sublime y Antoine usó y abusó de dicha posición ideal para forzar el aquel culo maravilloso que se magnificaba de ese modo.

Apenas él acababa de gozar en el surco sagrado que ella ya estaba alentando de nuevo su vigor con una lengua mimosa aunque decidida.

El ruido de la llave en la cerradura, algunas horas después, les hizo huir del escenario. Las bailarinas regresaban ya para el nuevo espectáculo. Se refugiaron en el piso de arriba, al amparo de las miradas indiscretas, y se amaron hasta el agotamiento.

Fue así como Sandrine se convirtió en bailarina de barra. Hace ya tres años que baila todas las noches. Ha adquirido una gran fama, y acude público procedente de todo el país a contemplarla.

Antoine ha rebautizado el club con el nombre de *Cinderella´s nights* y fue abandonando progresivamente a todas sus amantes para concentrarse sólo en ella. Incluso le ha pedido que se case con él. A los treinta y un años, ella por fin es feliz. Y nunca olvidará que esa felicidad se la debe a una pulsión, una pulsión de mujer.

17

Al sol

Françoise Rey

Es una mujer que está muy sola. Es decir, que lleva mucho tiempo casada. La terrible soledad que ha ido gestando el viejo vínculo conyugal anega su alma de una pena amarga. El celibato, que también la condenaría a la soledad, no significaría sin embargo la misma dependencia ni la misma falta de esperanza. Esperar a un compañero titular durante tanto tiempo de sus atenciones, ternura, homenajes, deseo y de la complicidad de cada instante, con la aspiración del placer constituida en filosofía de lo cotidiano, es exponerse a grandes decepciones, cavar el vacío abisal de horas transcurridas deplorando el paso del tiempo, o deseando en vano la aparición de una ascua en el hogar enfriado, un utópico regreso de la llama…

Afortunadamente, tiene dos amantes. Dos amantes maravillosos que la salvan de la sombra y del hielo de las pasiones pretéritas. Tiene dos amantes, uno es su dueño absoluto, el otro se limita a secundarlo con el ardor con el que la colma…

Al primero le ve siempre que puede. En cuanto aparece, no piensa más que en reunirse con él y en correr a ofrecerse a su abrazo. Nada puede rivalizar con la potente atracción que ejerce sobre ella, nada la retiene cuando él aparece. Por él anularía las citas más importantes, las salidas más prometedoras. Él es su objetivo supremo, su razón de vivir, su consuelo, la promesa de felicidad y la misma felicidad. Al cabo de las largas jornadas en que se ven, por las noches, ella se marcha agotada y duerme con un sueño brutal y voluptuoso… La espera de momentos parecidos completamente dedicados al júbilo de adorarle la mueve y traza una ruta luminosa en su vida.

Sus prácticas son siempre idénticas y jamás monótonas. Primero le deja aflorar a través de sus ropas, mientras ella va y viene, en busca del lugar más propicio para sus retozos, y se pone en marcha para instalar el lecho de sus nupcias... Durante los preparativos, ella le nota —cada vez más apremiante, cada vez más persuasivo— el calor de su contacto que la penetra, la enfebrece, y pronto está no sólo desnuda sino desnudada, con las piernas, los brazos, los hombros y el escote ampliamente expuestos; sólo sus senos, su vientre y sus nalgas se ocultan a la larga y abrasadora caricia con la que él la envuelve, la trastorna, la agota, la cuece, la quema, la asa, la calienta, la incendia... El pequeño traje de baño que protege las zonas más sensibles y más íntimas de su cuerpo es rojo o negro, según la estación. El negro multiplica la sensación de calor y ella evita llevarlo durante los meses más tórridos del verano. Pero lo recupera en otoño, cuando los fuegos de su bello amante han perdido su vigor y su mano sobre ella es más soportable, o en primavera cuando, resucitando tras la palidez y la debilidad invernal, él renace de sus cenizas blancas y grises y la aguijonea de nuevo como un joven turbado. Entonces a ella le gusta que, a través del nylon oscuro de su traje, él la pique, la chinche con rayos densos e insolentes, la pinche y la reconforte a la vez. En ocasiones, él regresa precozmente de sus vacaciones de invierno. Los mediodías de febrero parecen mañanas de mayo, y él explota con una nueva incandescencia, su eterno renacimiento destila sangre nueva para su amante, un entusiasmo que ella creía perdido, y ella empieza a creer en su propia inmortalidad...

Su piel bronceada durante todo el año, apenas más clara durante la separación forzada por los meses oscuros, es un estandarte, una reivindicación que hace gala del color. Por lo demás, ella misma lo declara: «Soy una adoradora del rey Ra» y encoge los hombros indiferentes cuando los cautelosos adoctrinados ponen muecas desaprobadoras denunciando su fanatismo y pronunciando el santo nombre del melanoma.

Ahí es donde interviene el segundo amante. Él no pone el grito en el cielo cuando la ve abandonada a los ultravioletas, tumbada casi desnuda bajo la luz dorada de sus tardes de soledad. Él sabe que el sol es bueno para la moral en horas bajas, para los huesos en vías de descalcificación, para el sueño inquieto de las mujeres nerviosas; es un coctel de vitaminas que adormece las penas, mece los sueños, adula sus fantasías, colma las ganas de caricias y los anhelos de amor. Su segundo amante es un viejo sabio, un jardinero de la tierra, del alma y del cuerpo, un sembrador modesto de pequeñas simientes de felicidad, cuyo brote ve asomar sin ofuscarse por el hecho de que no lo recoge.

También con este segundo amante el protocolo está bien rodado... Antes de que aparezca, a ella le da siempre tiempo a relajarse, de dejarse acariciar largamente por el astro reverenciado, de adormilarse un poco, de flotar en una voluptuosidad vagamente incompleta, vagamente, muy vagamente frustrada, con apenas aquel poco de frustración requerida para que escuche la llegada del jardinero con alivio, como si llegara con retraso a una cita que no han concertado, también casi irritada, porque se ha convencido que no le gustan las cosas organizadas de antemano y que su «¡Buenos días!», su «¡Cucú!», su silueta, coronada con un sombrero de paja anticuado, recortada como una sombra chinesca en el primer peldaño de la escalera, están previstas de antemano. Como deliberado es el ramo de flores que le ofrece, la rama, la flor, el fruto, su cosecha del día que transforma el pretexto en homenaje. Deliberada también su proposición: «¿Te doy crema?» y la respuesta de ella, vacilante, indecisa: «Nnnnno...», un no que quiere decir tal vez, que quiere decir sí, y que pretende resistirse. Forma parte del juego.

Rápidamente, el anciano coge el bote de crema y se agacha junto a la tumbona. Lo mejor es que a ella no le dé tiempo a debatirse durante mucho rato, a tergiversar. Hasta que no le pone las manos encima, él no está seguro de su conquista. En cuanto la toca, sabe que ha ganado. Su edad y su sabiduría le salvan de los celos, del despecho, de la mezquindad. Qué más da si ella permanece quieta y con los ojos cerrados, si toda su participación se limita a un gemido goloso y condescendiente, aprobador, cuando él le masajea la espalda, que le duele a menudo, los pies, las pantorrillas, los tobillos, los antebrazos, los codos, las muñecas, esas zonas tan receptivas donde hormiguean terminaciones nerviosas seducidas, esas zonas que el apresurado y raro acercamiento conyugal acostumbra a soslayar… Qué más da si el sol es el único responsable de su languidez, de su docilidad, del permiso tácito que le concede, con los párpados y los labios cerrados, y un leve zumbido de abeja que indica que el panal está lleno de vida interior, de un apetito egoísta, de una fiebre privada. Las viejas manos son sabias sin cursilería. Las faenas de la tierra las han endurecido, secado. Las uñas rascan y no se demoran en delicadezas afeminadas. Su propietario está acostumbrado a las bestias, sabe acariciar a los gatos, engatusar a los perros, la caricia que él dispensa es agradable y ruda, sigue el espinazo, fascina la nuca, hechiza el cuero cabelludo, redibuja con dedos expertos el perfil de los maxilares, del cóndilo a la punta, insiste en el mentón con el frotamiento breve y repetido que a los felinos les encanta y les obliga a tensar el cuello, a volver la cabeza.

Ella tiende el cuello, vuelve la cabeza. También ronronea. Y entonces él, con su voz ronca, murmura: «Gatita…» Ella era una planta al sol, y notaba la savia estremeciéndose en los arroyos de su cuerpo. Con él, ella se convierte en un animal, la germinación se precipita hasta la muda, sus formas se afirman y rejuvenecen paradójicamente, viaja en las dos dimensiones temporales, una carrera acelerada la metamorfosea en ser de carne, un prodigio la retrotrae a la infancia de su sensualidad. Ella le deja tomar sus senos, hinchados, anhelantes, que suscitan la gratitud de la caricia y su deseo siempre renovado. Le deja manosear el bañador, tironear, estirarlo, e intentar accesos descarados, le deja rebuscar en todas partes, deslizar sus falanges ávidas, amasar, estirar, arañar a penas, invadirla y desertarla. Sabe organizar la fiesta, orquestar la agitación, sabe suscitar la espera, disuadirla para atizar aún más su deseo, tiene gestos rudos y precisos, y la paciencia de antaño, toma de nuevo el bote de crema, recorre de nuevo los rincones que ya ha visitado, finge ignorar que otros, vírgenes aún de su unción, le reclaman, y pasa y vuelve a pasar, se extralimita, se desplaza, baila una danza hechicera alrededor de ella, un ballet de seducción desinteresada, cautivadora. Y ella, débil, ya esclavizada, obstinadamente muda, ella ruega, aúlla en silencio para que él acabe lo que ha empezado, para que apresure su triunfo y le conceda la joya del placer cuyo joyero había preparado el sol, magnífico seductor.

Él percibe sus pensamientos. Aparta la pequeña tira de tela que protege sus secretos, fuerza el paso, empuja una de sus piernas, tira de la otra, y ella se resiste mientras él murmura palabras roncas: «¿Y ahora qué, no vas a invitar al sol?».

Ella niega con la cabeza, nota la frescura y los rayos cálidos sobre su maleza aún cerrada que, evidentemente, va a ceder, abrirá al fondo de ella una grieta bienaventurada por donde se introducirán el sol y el agua como las aguas mezcladas de dos fuentes complementarias. Su corazón empezará a latir con más fuerza. Aunque tendrá los párpados apretados se verá a sí misma, enloquecidamente indecente, despechugada a la cruda luz del día con su mata oscura asomándose de su bañador tironeado, y su grieta, abierta y palpitante, deslumbrada por ese sol que chorrea hasta el fondo, que penetra en el interior de su cuerpo, que hurga en ella sin colmarla... El viejo jardinero astuto la mantendrá así un momento más, la ofrecerá al primer amante con la humildad de un vasallo que conoce su rango y las reglas de una honestidad caballeresca. Cuando el señor celeste habrá reinado suficientemente sobre la turbación y el deseo de su amante común...cuando ella no discierna qué signo de su rostro, qué gesto de su cuerpo, qué aliento, qué queja escapada de su fiebre de mujer con mal de amores..., el anciano juzgará que ha llegado el momento y hundirá en ella la azadilla mágica de sus dedos de labriego e, imitando en el surco labrado la danza rítmica y trémula de la siembra, la llevará en pocos segundos hasta un goce paralizante, que hará que combe la espalda y levante su pierna hacia el cielo, contra el astro todopoderoso. Entonces la sombra de su pie que levanta el vuelo alborozado la unirá, en la misma aureola fresca, a su jardinero arrodillado junto a ella, y su pareja terrestre, su improbable dúo le arrancará, cuando ella abra de nuevo los ojos, una risita incrédula y escandalizada, apenas culpable, apenas avergonzada.

Luego se reirá también del sombrero de paja caído, y de los mechones despeinados de su viejo fauno inofensivo y generoso. Se reirá al verle rejuvenecido, con el brillo de una malicia infantil, y sus arrugas plisadas, concéntricas como rayos alrededor de sus pupilas claras, iluminándole menos que el orgullo de, una vez más, haberle concedido el éxtasis.

Le resultará difícil echarle. Cien veces le dirá: «¿Qué hago pues, me voy?», sin marcharse. Y luego, cuando finalmente esté ahí arriba, en el último peldaño de los escalones, ella se abochornará un poco, tendrá un poco de frío, le costará despedirse de él, y gritará: «Gracias por el masaje». Y él responderá: «No, gracias a ti».

Ella cerrará los ojos de nuevo, se adormilará al sol. Y podrá creer que ha sido un sueño.

18

Cuenta...

Julie Saget

¿Y bien? Cuenta...

Como siempre, ella habrá esperado a que le pregunte antes de empezar a hablar. Si, un día, él dejara de preguntárselo, ella no se lo contaría. Se callaría. Puede que incluso ya no tuviera nada que contar. *Porque no volvería a ir.* Va por él, porque él se lo ha pedido para que se lo cuente a la vuelta. «Lo prefiero así», le había dicho.

La primera vez le había costado horrores hablarle. Él había tenido que extirparle las palabras, y no paraba de hacerle preguntas para que avanzara en su relato. Se detenía ante términos que no osaba pronunciar, por miedo a resultar trivial, grosera. Finalmente, había adquirido tintes de interrogatorio, de confesión pública: ella era culpable, lo admitía, y le iba arrancando la confesión. Así había transcurrido un lapso de tiempo infinito. Entrecortado por largos silencios cuando ninguna palabra lograba franquear sus labios. Se sentía en falso, cuando era él quien lo había querido así. Y castigada por el mero hecho de tener que someterse a ese cuestionario apremiante. Culpable pues por lo que había hecho, y culpable por no saber cómo contarlo. Había acabado en lágrimas. Decía entre hipidos: «¡No quiero ir nunca más!... ¡Nunca más!... ¡Es desagradable! ¡Es una estupidez!...»

Él le había tendido los brazos para que se acercara a él. Ella se acercó a la butaca de enfermo al que le había confinado el accidente y que no podría abandonar jamás, él lo sabía. Se aproximó a él, se arrodilló a su lado y descansó la cabeza sobre las piernas sin vida de su marido. Él le había acariciado el cabello, el hueco de la nuca que tanto amaba, ahí donde los rizos más cortos se enredaban un poco. («Tienes la nuca de una chiquilla enfadada», le decía a menudo. «De un ángel colérico. Y todo el pelo rebelde hasta ahí, hasta en el hueco de la nuca. Por más que te peines, ¡no hay forma de domeñar tu cabellera! Se enreda y aquí se enmaraña del todo».)

No, ni es desagradable ni es ninguna estupidez, pero lo sería si todo esto ocurriera a mis espaldas. Si tú tuvieras que ocultarte, que mentir. ¿Te imaginas?

Ella había protestado. La castidad no le daba miedo. Desde que se enamoraron, le había sido fiel y su único deseo consistía en seguir siéndoselo. Él había sonreído.

¿Casta para siempre jamás? ¿Por mí? ¿Casta como una muchacha que entra en un convento? Te creo capaz, ¿sabes? Pero la novicia tiene vocación. La abstinencia, en su caso, tiene la misma fuerza que el deseo en las otras mujeres, en ti, por ejemplo. Porque eres una mujer hecha para el amor. Sin la boca, sin las manos, la piel, la verga de un hombre, no te sentirías viva.

Pero si tú me besas. Y me acaricias también... Me tocas, me haces...

Entonces él se rió con sarcasmo pero sin mala intención:

Sí. Y eso es todo... No seas tonta.

Y había añadido, como quien contempla las ruinas de su casa derruida:

Es lo que nos queda... Así que irás y, cuando vuelvas, me lo contarás. Todo... La próxima vez será más fácil, ya verás.

No se había equivocado. Con el tiempo, todo había resultado más fácil. Natural. Y a partir de entonces se lo pudo contar *naturalmente*, claro. Él era quien le daba la señal, quien escogía el momento. Le bastaba con decir: «¿Y bien? Cuenta...».

Esta vez, llegué con un poco de retraso. A menos que no haya sido yo quien llegara antes, no lo sé. No miré el reloj. Lo que sé es que fui la primera en llegar... Es una tontería, pero prefiero que me esperen a esperar. Es mejor... Sí, en la misma habitación de siempre. La que tiene tela de Jouy en las paredes, ¿te acuerdas? Ya han pasado cinco años y no ha cambiado nada. Estos días no se ve nadie. Estoy segura de que todos los grandes hoteles de la Costa deben de estar vacíos o casi... ¡Imagínate, entre semana...! Cuando llegué, la marea estaba alta y caía una tromba de agua en el mar. La habitación estaba fría, y el resto del hotel tampoco estaba caldeado, o muy poco. Me dejé el abrigo puesto y me acurruqué en aquella butaca que cojea. Nadie lo dice, y nadie lo repara. Es extraño, ¿no te parece?... No me gustó esperar porque, a decir verdad, a solas en esa habitación pensé en nosotros, en nuestra primera vez... Y ahora tú estabas en París y yo allá, esperando a otro hombre. Cuando ese lugar nos pertenece a nosotros. Esa habitación era para ti y para mí; no para mí y para otro. Fue a dónde me llevaste, o más bien a dónde fuimos a parar, porque los demás hoteles de lujo estaban al completo. Era verano. Habían niños que jugaban en la arena de la playa y limusinas aparcadas ante la puerta del casino o que avanzaban al paso, silenciosas, por la arteria donde estaban las boutiques de marca... Me dijiste: «¡No nos quieren en ninguna parte, diantre! ¡En lugar del castillo que quería ofrecerle a mi amada, no nos dan más que chozas! Una habitación, una cama. Para que la tome, para que le haga el amor, me la coma, la doble, le separe las piernas, la combe...». Te ponías lírico y yo me reía. Y tu deseo fue satisfecho. Ese hotelito parecía una mansión burguesa, justo en la esquina de la estación. Con aspecto de pensión familiar. Todavía les quedaba una habitación libre. Debía de estar esperándonos... Y es cierto que me hiciste el amor como ningún otro hombre antes que tú. Me doblaste, separaste mis piernas, me comiste. Tres días y tres noches durante los que no abandonamos aquella cama. Hacía un tiempo espléndido. Habíamos abierto la ventana. Los gritos de las golondrinas atravesaban el aire de la habitación. Eran gritos de alegría que las gargantas de los pájaros traían hasta nosotros... Y los gritos de los niños que jugaban bajo nuestras ventanas, ¿te acuerdas? Y yo también grité. Bajo un hombre. Era la primera vez que gritaba. Por ti. Yo quemaba más que el sol que debía atormentar los hombros frágiles de los niños a los que una madre imprudente no llevara rápidamente a la sombra... Pedíamos que nos sirvieran comida a cualquier hora. Yo me encapriché por los helados enormes... Tenía el clítoris tan enrojecido, tan tumefacto a fuerza de los mordiscos y las succiones que té le infringías que se me ocurrió que el frescor cremoso del helado me calmaría. ¡Una buena excusa para que me lamieras más si cabe el botón martirizado e introdujeras tu lengua en mi hendidura! «Para no desperdiciar el helado», aducías... Por eso ahora no me gusta llegar primera, porque les da tiempo a reaparecer a los recuerdos. Y el hombre que va a llegar no eres tú. Y si me acuerdo perfectamente de nosotros es porque —creo— la habitación también nos recuerda. Cuando, al principio, exigiste que me encontrara con los amantes precisamente en esa habitación, no lo entendí muy bien. Me pareció un sacrilegio, algo morboso. Pensé en negarme. Y luego, lo vi claro. De entrada, no habría que demorarse en descripciones de los lugares, puesto que los conoces como yo. Conoces la butaca que cojea y la tela de Jouy rosa de las lámparas de la mesilla de noche, para que hagan juego con el tapizado de las paredes y las cortinas. Los objetos y los muebles se pueden describir, claro; pero difícilmente la luz y los olores. Tampoco los ruidos. Y, de intentarlo, resultan siempre descripciones aproximadas... Por ejemplo, si te digo que, de pronto, una bandada de golondrinas casi chocó con los cristales de la habitación, y los pájaros gritaron asustados, como si sufrieran, ¿oyes a las golondrinas como yo las oí?... Puede que no, ¿verdad? El olor de la habitación lo conoces. Lo recuperas porque no lo has olvidado, el mismo olor que notamos cuando abrimos la puerta por primera vez... Después debió de sumársele, rápidamente, la de nuestros cuerpos, la fragancia de nuestros cuerpos en celo, los sudores mezclados de los amantes, el olor de mis licuefacciones, todo lo que mi coño abierto permitía que se derramara de mis órganos de mujer, de las mucosas que tu frotabas, mis carnes íntimas maltratadas, aplastadas por amor, como se aplastan entre los dedos las hojas aromáticas o los pétalos para que el perfume que está preso en ellos se escape y lo percibamos, durante largo rato, en el pulgar, en el dedo medio, en el índice: la menta, el romero, la lantana, la lavanda... Tú te olías los dedos que habían hurgado en mí y los aproximabas a mi nariz para que aprendiera a amar mi propio olor. «Si tuviéramos que separarnos y te volviera a encontrar al cabo de veinte o treinta años, aunque me vendaran los ojos y me pusieran ante veinte, treinta o cien coños de mujer, los olería todos y me detendría ante el tuyo y sabría que eres tú, te reconocería. En vano me quitarían la venda:

¡vencedor de la prueba! Te reconocería sólo con tu olor. Está ahí, anida en tu pubis. Cuando lo aspiro, me embriago, pierdo el mundo de vista. Me sumerjo en el sueño de tu aroma como un fumador de opio». Eso me decías entonces.

Ella deja de hablar. Sólo quería evocar el olor de la habitación, y al final ha evocado recuerdos que duelen. Calla durante un rato demasiado largo y es él quien tiene que encarrilarla de nuevo en el relato.

Cuenta.

Pues eso, que llegué con anticipación. Y luego, oí pasos en el pasillo. El parqué chirría, ya lo sabes. Él dio unos golpecitos ligeros en la puerta y entró. Llevaba el gabán empapado. De pronto, noté el olor a lana mojada, a vieja lana de tweed. Le sorprendió que no se me hubiera ocurrido encender las lámparas. Lo cierto es que la habitación estaba casi a oscuras. Le respondí que acababa de llegar. Todavía llevaba el abrigo puesto y me creyó. Me ayudó a quitármelo. Se quitó el gabán y lo colgó de la silla para que se secara. En la percha de la puerta, mi vestido... Me estrechó entre sus brazos: «¡Es verdad que tienes frío!» Mis labios estaban helados. Su boca caliente. Me besó. Un beso más largo que los habituales de reencuentro. ¡Con su lengua pegada a la mía, su boca caliente para temperar mi boca y mis labios, tan fríos! Me besó hasta que le pareció que mi temperatura era ya normal. «¡Ven!» Me llevó hasta la cama. No me desnudó enseguida, como suele hacer. Me acostó vestida y él también conservó sus ropas. Sobre la alfombra de la habitación sólo nuestros zapatos, muy cerca de la cama. Tomó mis pies en sus manos. La fina película de las medias no me había protegido del frío. Masajeó delicadamente mis dedos, mis tobillos. Era una sensación muy buena. Y cálida... En este momento, él roza mis pies con su boca, sus labios, sus besos para ahuyentar el frío de mis extremidades. Su aliento pasa a través del tenue tejido de las medias. Sube lentamente a lo largo de mis piernas y cuando su boca llega a la altura de mis rodillas y, para seguir resiguiéndolas, me sube la falda, que obstaculiza su avance. Besa el interior de mis muslos, y me obliga un poco a abrirme. Sigue avanzando y ahí, en el lugar donde el portaligas abrocha la media, sus labios se encuentran con mi piel desnuda. Pensaba que tenía los labios calien-

tes, pero abrasan. Él es de fuego y yo aún soy de hielo, pero él me funde. Se demora, deleitándose en el encuentro con mi piel descubierta. Y se entretiene cuando yo quisiera, por el contrario, que se diera prisa. Que fuera hacia la cima de mi entrepierna. Mis fuentes se hallan en los picos más altos, y noto efectivamente que me convierto en fluidez, que me mojo, y la humedad procede de una fuente que mana del fondo de mi gruta y que lentamente se derrama hacia el exterior de mi cuerpo, poco a poco... En silencio, le ruego que siga subiendo, que vaya hacia lo alto de la cuesta. Y su boca sube por fin. Sus dedos apartan la muralla de encaje negro, el pequeño triángulo de la braguita que llevo, nada que pueda interponerse entre sus labios y mi desnudez que él espera. Porque lo que yo deseo ahí —¡oh, que se dé prisa, que llegue por fin!—... es su lengua. Podría ordenárselo, lo haré si tarda demasiado. Aunque, ¡no hará falta! Él también tiene prisa. Y me lame. Su lengua es dulce y blanda. Pone en ella, todo a la vez, aplicación y placer. Esa atención particular, propia de un gourmet para quien hay que deleitarse en cada bocado. Este no se lo zampa de un santiamén, como si no le apeteciera y fuera un mal necesario con el que hay que terminar cuanto antes. ¡Por el contrario! Conservar largamente la delicia en la boca para que dure el placer, para que le dé tiempo a expandirse, a invadir cada rincón del ser. Percibir todos los matices de los sabores y los aromas, hasta los más ínfimos... Así me besa y su lengua recorre la extensión de mi grieta, desde abajo del todo hasta arriba del todo. Que no olvide ni el fragmento más diminuto de mí. Y, aunque así fuera, la lengua regresaría sobre sus pasos. Me lame durante mucho rato. Me gusta, ya lo sabes. Podría no cansarme nunca de los lametones si no se asomara una llamada imperiosa de mi sexo. Que se mantenga entonces en el punto más sensible, en esta cresta que es su cumbre más alta, mi clítoris, que reclama todos los cuidados. ¡Que se detenga ahí, que su boca se apodere de él, que lo aspire! Pequeñas succiones, breves, que se encadenan como ráfagas. Un corto espacio de respiro, como si le preguntara al pedigüeño:

¿Así? ¿Lo quieres así?

¡Oh, sí, esto es lo que quiero!

De acuerdo, cuando estés exhausta, te tomaré entre mis labios y no te soltaré. Te aspiraré por completo sin aflojar la tensión. Al contrario, ¿notas lo profunda que se hace tu respiración cuando aumenta el ritmo?

Claro que lo noto, igual que noto el hervor que se produce al fondo de mi matriz. Es la incandescencia y los temblores sordos, el calor del incendio y el rugido subterráneo que anuncian que el volcán ha entrado en erupción. No sabemos cuánto tiempo hervirá el magma a flor de piel, a ras de cráter. Pero es seguro —incluso insoslayable— que cuando se produzca la explosión, el fuego aparecerá en la superficie y la lava en fusión se verterá sin que nadie frene su derramamiento.

¿Y gozaste?

Sí, gocé. Pero tú, que me conoces, ya sabes lo que significa para mí ese primer goce. El vertido de un exceso que el deseo, nacido de la espera, había exacerbado. Es lo que los hombres llamáis «vaciaros los cojones». Una forma de alivio, de apaciguamiento de la necesidad. El placer no es eso, tú me lo enseñaste. Un primer y único orgasmo no es gran cosa. No es más que la obertura de una gran ópera, el tiempo que lleva acomodarse entre los oropeles y el terciopelo carmesí. Durante las horas del amor la cama se convierte en un teatro a la italiana, los cuerpos cantan sus arias más inspiradas, hay violines y timbales. Tú me lo enseñaste, ¿te acuerdas? Hablabas de la arqueta y de la sensibilidad de la cuerda, de armonía, de vibrato... Aunque es cierto que, en ocasiones, el reparto es tan malo que es mejor dejarlo en ese preludio. Pasas por el guardarropía a buscar tu abrigo y te vas... ¿Cuánto tiempo llevo ya con éste? Siete meses. ¡No, ocho! Ya hace ocho meses. No me va mal con él. No le costó darse cuenta de que a mí me gustaba lo mejor, y sabe como dármelo. Está bien...

¿Y después?

¿Después? Me dejó respirar un poco. Me quitó el jersey y la falda. Puso su cabeza sobre mi pecho para escuchar cómo decrecían los latidos de mi corazón y cuando éste recuperó un pulso regular y tranquilo, empezó a mordisquear las puntas de mis senos a través de la seda bordada de mi sujetador. Me basta con eso para que se encabrite

un caballo en mis entrañas, ya lo sabes. No podía más. Desabroché mi sujetador y, torciendo el brazo bajo mi espalda, me arqueé y mis senos salieron a su encuentro. Para que los tomara, los apretara. ¿Cómo es posible que los senos, la parte más vulnerable en las mujeres, puedan machacarse hasta tal punto durante el amor sin que nos duelan? Por el contrario, el placer está ahí. Incluso cuando la mano que los aprieta se hace violenta. La verdad es que es extraño que sólo la violencia amorosa nos lleve al placer de la carne, y no al sufrimiento —de la carne. ¿Qué piensas tú?... Un umbral con una puerta prohibida. Un aumento de la violencia hasta martirizar al otro, o a sí mismo. El sufrimiento, que se mantiene a raya hasta ese momento con la justa mesura de los gestos, se traduce entonces en placer: esposas, flagelación, escarificaciones y cortes, quemaduras... Es la vertiente nocturna e infecunda de los cuerpos, el «Sol negro» de los amantes. Puesto que, una vez cruzada la frontera, ya no hay más que un vasto territorio cuyo horizonte recula a medida que avanzamos por él. Como el espejismo de un oasis para quien se ha perdido en la arena, devorado por la sed —¡beber, beber por fin!— pero su deseo es inextinguible, y él lo sabe.

...No, este hombre no me ha hecho daño jamás, él no quiere y yo tampoco. Su violencia se detiene justo al límite de adónde le lleva mi excitación. Estruja mis senos, aspira y muerde mis pezones con lo que parece brutalidad, cuando en realidad no es sino la dulzura de la verdadera fuerza del hombre. Esa es la fuerza que yo reclamo. Él me la da, a petición mía... Te hablaba de sus caricias en mis senos; duran, cuando yo quisiera que cesaran, que sus manos regresaran a mi vientre. Pero, si las prolonga, aunque perciba mi petición muda, es para hacer de mí una hambrienta. La sedienta que quiere correr hacia las cimas. Su sexo, lo codicio. Lo quiero en mi boca. No seré una proveedora de placer hasta que empiece a chuparlo. Su placer me da igual. Sigo empleándome en el mío. También yo, como él cuando pone su cabeza en mi pubis, me sumerjo en su olor, la que le conozco, y la que el vello del que surge el asta del falo retiene en sus rizos. Con los agujeros de la nariz completamente dilatados, soy un animal... Reconozco el olor, me resulta familiar y anuncia la saciedad que me

prometo mientras me lanzo con avidez sobre su sexo erecto. Ahí está, su sexo, erguido gracias a mí y para mí. Sé del flujo de la sangre que late en cada una de las venas de ese hombre tan vivo, tan vigoroso... ¿Te he dicho que, mientras tanto, yo le desnudé a él? No quiero que esté pasivo mientras está tumbado de espaldas en tanto que yo, arrodillada, me coloco entre sus piernas. Pasivo no, atento y sumiso, completamente dedicado a mí a través del placer que recibirá, porque este placer deberá ser, ante todo, el mío. La cadena que va de ti a mí, mi amor, pasa por ese extraño. Él no es el objeto, es el repetidor que nos comunica a ti a mí, por eso no tengo que fingir, con estertores y gemidos falsos. No se privan de ellos las mujeres que quieren acelerar el desenlace, a menos que se trate de hacerle creer a un gilipollas de mediana edad, medio calvo, con un cuerpo que se puede resumir en dos palabras, «manteca de cerdo» y «nubes de malvavisco», que es un prodigio sexual, cuando sus únicas virtudes se resumen en el grosor de su billetera o una posición social envidiable. ¡Ah, si los hombres escucharan a las mujeres hablar cuando están entre ellas!... Pero tú me enseñaste muy bien la exigencia y la quintaesencia del placer: cómo se llega a esas cimas para que nunca haya tenido necesidad de fingir. En cuanto se me aparecen los primeros signos de usura, lo que podría ser rutina o monotonía, la lasitud que embota cada sensación, me marcho. Digo que se ha terminado. Que no estoy hecha para el adulterio. Pecadora arrepentida, quiero regresar junto a mi marido... ¡es horrible lo que he hecho! ¡Mi conducta es imperdonable! ¡Tendré unos remordimientos horrorosos durante el resto de mi existencia! En definitiva, todo lo que una es capaz de inventar en una situación así. Y a éste, como a los otros, le llegará el momento. Pero todavía no estamos en esas...

Por cierto, ¿por dónde andaba?

¡Ah, sí! Paso lentamente mi lengua por el escroto, y luego subo de nuevo hacia el glande. Desnudez del glande que la erección ha descapullado del prepucio. ¡Qué buen tema, el de la desnudez! Vosotros, los hombres, que creéis el cuerpo de una mujer desnudo por completo porque vuestra mirada se apropia de cada parcela visible del cuerpo femenino, vosotros que pensáis ser quien toma la ciuda-

dela, ¿no se os ha ocurrido jamás que cada mujer oculta en su interior una parte inexpugnable, la parte más sensible, la más emocionante de su geografía de hembra? Dicen que el pubis es el Monte de Venus, y es esa colina la que obstaculiza e impide vuestra mirada. Nunca, a diferencia del de un hombre, está el cuerpo de una mujer completamente expuesto. Y si desnudarse es como exponerse a la muerte, sois vosotros, los hombres, los que más peligro corréis. Vuestra desnudez es total en cuanto el glande está desprotegido. Sé que podría vengarme en él de todas las humillaciones de que los hombres han hecho objeto, desde la noche de los tiempo, al espécimen hembra. La piel es tan fina, tan transparente en ese punto, que con un solo golpe de uña podría arañarlo y hacerlo sangrar. Por el contrario, tanta fragilidad me conmueve. Mi lengua acaricia, mi saliva se hace abundante, humedece la palma de mi mano para facilitar el movimiento de la misma. Esa palma mojada, envolvente, que se desliza a lo largo del miembro —la ligereza de mi puño, presión ligera y firme del conjunto de mis dedos— quiero que sea un anticipo de la humedad de mi coño cuando me penetre. De momento, mi mano y mi boca se encargan del vaivén. La amplitud del gesto que varía de cadencia, el esmero que pongo en ello... mi cuidado. Sin ninguna exageración, podría casi decir que el punto de unión de las diagonales ficticias que parten de los cuatro puntos cardinales del Universo se encuentra ahí. Una estaca indica el lugar, la polla erecta que tengo en la mano y hacia la que convergen Espacio y Tiempo confundidos. Alrededor; nada: el vacío, los minutos suspendidos. Ya todo carece de importancia si no es la percepción extrema de las sensaciones más ínfimas. Lamo, empalmo, engullo hasta lo más profundo de la garganta —mi mano, mi lengua, mis labios, mi boca— aspiro, mamo, chupo y chupo de nuevo... En ese instante, surge en mí la niña a la que llevaban al Luna Park y le compraban un enorme pirulí. Azúcar, miel, su sabor dulce al paladar, que lamía hasta que se me entumecían los labios. Alrededor de la niña, música de órgano eléctrico, guirlandas de luces, colores de carnaval, norias y otras atracciones. Hay barracas con olores apetitosos y otras que crepitan. Un caleidoscopio gigante, el vértigo del placer; podría quebrarse en multitud de estallidos multicolores si no existiera ese punto de anclaje que sujetamos fuertemente en la mano; aquí, donde se concentran todas las emociones dispersas. Y, sobre la lengua, más violentas que la sal y la guindilla: la miel y el azúcar…

(Se interrumpe, detenida ahí sin duda por imágenes anteriores que surgen de nuevo. ¿Es la feriante de generoso escote y los párpados pintados, tendiéndole a la golosina enrollada en papel de celofana por encima del mostrador? Promesa de placer infinito la larga varilla que se lleva a la boca, que la lengua acariciará, succión lenta y aplicada para no perder ni una onza de esa dulzura. O bien: imagen reciente, recuerdo del día anterior —la niña convertida en mujer— la feladora que ha conservado en ella a la niña golosa, ignorante de la idea del pecado, el goce inocente que procura lo Efímero para la Eternidad, como si el placer no tuviera que acabarse jamás.)

¿Y, entonces? ¿Qué pasó? Cuenta…

Quiso que cambiáramos de posición. Se movió y yo me coloqué para que estuviéramos pies contra cabeza. Soldados el uno al otro por el sexo y la boca de cada uno. Pronto, la escalada. ¿Quién será el vencedor porque habrá sabido ser el más hábil llevando al adversario hasta el éxtasis? Yo. El asalto lo gano yo, cuando él grita de pronto: «¡Espera!... ¡Espera, aún no!».

Él se tumba de espaldas, luchador agotado que quiere recuperar el aliento, dejar que el hervor pierda grados. No ha querido vaciarse, desbordar en mi boca. Lo que quiere es el pasaje oscuro, húmedo y pegajoso a la vez, que está en el nexo entre mis piernas. Ahí se desenvolverá mejor, tendrá ventaja. Separa mis muslos. Soy un compás abierto y mis miembros son los radios del círculo. En el centro del círculo, el punto de mira rojo y rosado de mi sexo. Me fuerza a entregarme más: «¡Abre bien las piernas!». Obedezco. Me abro más. Me convierto en la mujer-geométrica *y el hombre es el* agrimensor. *¿De qué extensión, de qué profundidad es la bocana en la que se hunde? Imprecisas o variables sus medidas, puesto que volverá una y otra vez a recorrer su trayecto. El agrimensor me mide… Me recorre con todo su sexo erguido al máximo, y su exploración no olvida* *ni un milímetro. No sé si necesita que le anime, pero de mi garganta nacen esas palabras que valen tanto por él como por mí: «¡Más adentro! ¡Más adentro! ¡Desfóndame!».*

...Me convertí en selva amazónica y él, en trazador de una ruta que parte de ese claro y se adentra en la maleza de mi vello abundante, se hunde en la penumbra cálida y húmeda de un bosque ecuatorial. Como el que se encarniza abatiendo árboles varias veces centenarios, se encarniza él abatiendo mis defensas. Me trabaja a golpes regulares, como un madereiro *y a partir de entonces la ruta le pertenece. La recorre según su capricho. Puede, cuando le apetece, detenerse a mitad de camino o ir hasta el fondo y hacerme gritar. Puede salir tanto rato como le plazca y penetrarme de nuevo, con la lentitud o la brutalidad que le convengan. Vaivenes incesantes que aran mi cuerpo cuando él me llena.*

¿Es para hundirse con mayor profundidad en ese territorio que se ha convertido en su propiedad, como si quisiera cruzar el límite como un bárbaro, violar las fronteras, porque quiere una posición más propicia? Estoy a cuatro patas, con la grupa vuelta hacia él. Y es cierto que, de esa manera, él llega más hondo. No puedo oponer ninguna resistencia, ni con las manos, ni con las piernas, ni con mis brazos, para frenar los movimientos de mi invasor. ¿Soy aún una mujer? Soy un orificio acogedor, nada más. Un orificio tallado a su medida, caliente y abundantemente humedecido para acomodar una polla, para que una polla se frote con él. Podría ser un fruto maduro, una bestia mamífera, incluso un chico. Él ya no me ve los senos. He perdido mi identidad. Igual que él pierde la suya. Puesto que, cuando se retira para hundirse de nuevo en mí, podría ser otro el que ocupa su lugar. ¿Qué diferencia habría? Ya no somos más que el tornillo y la rosca, y nuestras anatomías están articuladas por su sexo empotrado en el mío. Y como el ensamblaje de nuestros deseos debe realizarse a la perfección, sigue empujando, más hondo, a cada uno de los embates de su pelvis.

...También podría decirte... Decirte que la cama es una plataforma petrolífera a lo largo de la costa. Yo sería el océano y, en mis profundidades, él, el contramaestre, debería encontrar un lugar preciso. Maneja la sonda con todos los músculos tensados al máximo,

atento y fuerte a la vez. No le importan las socolladas, los golpes de mar que sumergen el puente. Está calado y le da igual. Sólo se emplea en una tarea: ¡que su jodido aparato vaya allá donde él quiere llevarle! Soy, ahí, materia que explorar. Sé que, tal como está colocado, se observa. Y lo que ve le gusta, le excita aún más y le espolonea. ¡Y ahí va! Me bombea y su velocidad aumenta al ritmo de su encarnizamiento por llegar al final. Y cuando me oye gritar largamente y me desplomo, sabe que la explosión, por fin, ha tenido lugar. Vertido del géiser blanco, mi matriz inundada de la sustancia de una blancura nacarada: su esperma. En las plataformas petrolíferas, el chorro es oscuro. Y el petróleo, el bruto, sale a la superficie. Se esparce y flota, blandamente…

Yo también floto…

Me zumban los oídos. Y mi corazón, que late desbocado, se va calmando poco a poco. Vuelvo la cabeza y miro la ventana. Afuera, el océano brama y se ha hecho de noche. El cristal de la parte interior de las ventanas está empañado. Nuestros gemidos, nuestras respiraciones, nuestros jadeos, habrían dejado una pátina parecida sobre el hielo invernal. ¿Será por eso por lo que, de pronto, tengo tanto frío? Me levanto y me visto. Rápidamente. Mientras él recupera sus ropas y se las va poniendo, voy hacia la ventana. Sobre el vaho de los cristales, tengo ganas de escribir las iniciales de nuestros nombres. El tuyo y el mío. Pero no lo hago, tranquilízate. Me contento con limpiar un rincón del cuadrado, gesto inútil, no hay nada que ver más allá. La noche es oscura. Negro absoluto. Oigo que él me habla. Apenas le escucho. Sé lo que me está diciendo, es siempre igual. Que cada vez le resulta más penoso soportar nuestras citas clandestinas, tener que esperar toda una semana para tenerme para él una o dos horas, que no puede tolerar saberme de otro. Quiere que me divorcie, habla de casarse conmigo… ¿Por qué te has negado siempre a que diga la verdad? ¿A que no cuente lo de… en fin, lo de tu accidente? He tenido que inventarme a esos dos hijos que me retienen junto a ti.

«No quiero dejar a mi marido. Es por los niños…» ¡Me siento ridícula y estúpida contando esas cosas! Confesar que no te abandonaré jamás, y que es por…

(Él la interrumpe.)

¿Compasión?

¡No! ¡No! Por amor. Porque te quiero, y nos queremos, y con tal profundidad... Y si veo a hombres es porque tú lo has querido. Porque me pediste que lo hiciera. Obligada a mentir, a los ojos de los demás me convierto en una mujer adúltera. Y no es eso en lo que has querido convertirme, ¿verdad que no?

Yo quise conservarte viva. ¡Y bella! Una mujer pierde el brillo y la belleza cuando deja de follar. Y yo quiero verte con ese resplandor que te habita, esa aureola que santifica a las mujeres satisfechas. Estás tan bella cuando vuelves. ¡Botticcelli! ¡Modigliani! *La Primavera*... Jeanne Hébuterne.

¿Y te lo cuento bien?

¡Sí, lo cuentas muy bien, mi Sherezade! Tus palabras me devuelven mis miembros, mi vigor. Estoy contigo, con vosotros, allá en nuestra habitación. Y soy yo el hombre con el que...

Ella se acerca y se agacha frente a él, reposa la cabeza sobre sus piernas inertes. Él le acaricia la mejilla, el pelo. Ella cierra los ojos. Se siente tan bien. La acaricia en la nuca, donde se le enmarañan siempre los rizos. Ella se adormila, como un gato que ronronea y se deja ir en un dulce estupor. Piensa en los dos días que ha pasado en casa de su hermana, como cada semana. Él no sabrá jamás la estratagema a la que ha tenido que recurrir. Ha aprendido —con el tiempo— a contarlo tan bien...

Será allí, justo en el hueco de la nuca, donde un día él meterá el cañón del revólver. Lo guarda en un cajón cuya existencia desconoce ella. Un pequeño escritorio del siglo XIX debía contar con esa particularidad, y él le pidió uno a un amigo, anticuario de la Rive Gauche. ¿El revólver? Fue el joven magrebí que les hacía de jardinero, dos años antes. Él se lo proporcionó. ¿Era preciso explicarle que, cuando estaba solo, durante los dos días de ausencia de la señora, temía que hubiera roedores en la casa? «¡A mí eso no me importa, señor! Haz lo que quieras con él. Me pagas bien, te callas, yo me callo, y así es como debe de ser. ¡Mektoub!»

Ella no verá nada. No sentirá nada.

Será un día como éste. Ella habrá cerrado los ojos, acunada por la caricia, confiada y radiante. Ahíta. Colmada. Risueña. Satisfecha en su monstruosa inocencia. No había entendido nada. Habría debido negarse. Protestar: «¡Eso nunca!»

...¡Que te aproveche, perra!

La odia.

«El Odio es la vertiente negra del Amor.»
30 de abril de 2005

19

Cita

Salomé

¡Un poco más de agua caliente y, lo prometo, salgo en cinco minutos! Tomar un baño es realmente un momento que nos une, medito rodeada de espuma. Pienso en nuestro último encuentro, me relajo con los aceites perfumados y Os dedico todos mis pensamientos, hasta los más íntimos. Estáis conmigo, mi Amor, mi Señor, mi Maestro, presente en cada fragmento de mi piel que habéis acariciado, besado o azotado. Ni la piel fina y delicada de las plantas de mis pies escapó al mordisco de vuestra fusta el día en que decidisteis que mis pies eran indignos de Vos, que la altura de mis tacones era realmente ridícula. Pero, de todos los lugares de mi cuerpo, el que más homenajes ha recibido ha sido sin duda mi culo. Vos decidisteis que esté siempre accesible, desnudo bajo mis faldas. Me dijisteis que su blancura no es nunca tan tentadora como cuando está encuadrada por la seda negra del liguero que Vos me ofrecisteis en nuestra cuarta cita.

Por cierto, tendré que empezar a vestirme si quiero llegar puntual, pues aprendí enseguida que no toleráis ningún retraso. Como esa tarde de miércoles, día bendito el miércoles porque Os veo, en que tuve el exceso de celo y la mala idea de ir a la peluquería poco antes de nuestro encuentro... Llegué con veinticinco minutos de retraso al umbral de su estudio. ¡Maldito peluquero que nunca acababa de peinarme! Sin aliento después de la carrera con la que corrí hacia Vos, tragué aire antes de atreverme a llamar a la puerta. No me dio tiempo a esbozar un suspiro, con la alegría de veros tras una semana sin Vos, cuando me abofeteasteis ahí mismo, en el pasillo. Ensordecida por el bofetón que escocía en mi mejilla, no pude ni justificarme ni explicarme. Suplicaros que me perdonarais. Vuestra puerta se cerró hasta el siguiente miércoles, a las tres.

Entonces yo era toda una novicia, aprendiz de sumisión, y Vos me lo enseñasteis todo. Cada humillación, cada castigo, cada reprimenda pretendían educarme, sublimarme. Vuestra paciencia, vuestra fuerza de persuasión. Vuestra influencia en mí me ha conformado, moldeado hasta que por fin me considerasteis digna de ser presentada a vuestros amigos. Había pasado un año. 52 miércoles, 312 horas de esclavitud, 18.720 minutos de placer puro, cuando ese día, recibí de vuestras manos el collar de metal, liso, pulido, resplandeciente como un espejo. Lo pasasteis alrededor de mi cuello y cerrasteis la cadena que aseguraba el cierre. Temblaba de miedo, y perdida de amor. Me reconocíais así el derecho a ser vuestra sumisa, yo que no conocía de vuestra vida más que las seis horas semanales durante las que Vos me pegabais y me educabais. Ni sabía ni vuestro nombre ni vuestra profesión, ignoraba si estabais casado, si teníais hijos y me estaba completamente prohibido intentar ponerme en contacto con Vos. ¿Cómo hubiera podido, por otra parte, si sólo conocía la dirección del estudio, sólo os podía llamar «Maestro» y Vos no me habíais dado ningún número de teléfono? Vos no me llamabais jamás. Nunca me concedisteis más que ese paréntesis irreal, cada miércoles de las tres a las nueve de la tarde. Nunca habíamos compartido una cena, un cine, un paseo con las manos cogidas a orillas del Sena. Y, sin embargo, yo no hubiera cambiado mi situación por nada del mundo.

Ese miércoles, estaba de rodillas ante Vos, con los ojos vendados, cuando me anunciasteis que tres de vuestros más queridos amigos, Maestros como Vos, estaban presentes. Noté que palidecía. El sudor empezó a perlar mis axilas y mi sexo se hinchó, palpitó, se mojó.

Me pedisteis que escribiera para Vos un texto con el que renovaba mi voto de sumisión, mi entrega total, en cuerpo y alma, a Vuestra causa. Me había encarnizado durante horas enteras, horas de insomnio durante las cuales buscaba las palabras más justas para expresaros hasta que punto os pertenecía por completo. Y ahí, ante Vos, ante vuestros amigos, no lograba recordar las frases tantas veces modificadas hasta pulirlas como un diamante.

Farfullé algunas palabras inaudibles y sin interés. Esperaba una de vuestras cóleras terribles, una sanción tan inmediata como dolorosa pero, para mi sorpresa, no fue así. Unas manos firmes y calientes se precipitaron sobre mi cuerpo, hurgando en mí, explorando cada uno de mis pliegues. Me sentía palpada, examinada como un pedazo de carne y, sin embargo, me gustaba esa sensación de me ofrecierais como pasto para vuestro deseo y el de vuestros cómplices. Unos dedos inquisidores se hundían, exploraban sin dilación mi sexo empapado y mi culo cada vez más abierto, dilatado, acogedor. Me follasteis y me enculasteis. Forzasteis mi boca. Ignoraba quién de los cuatro se afanaba en qué orificio. A ratos me daba la sensación de que esas cuatro vergas erectas se multiplicaban, se clonaban. Ya no eran cuatro vergas sino veinte, cuarenta, cincuenta, las que me perforaban. Un bosque de pollas se cerraba en torno a mí, inextricable matorral de rabos en el que me perdía. Recuerdo un goce explosivo que no cesaba, haber alcanzado un grado de conciencia agudo como si cada célula de mi cuerpo poseyera cada uno de los cinco sentidos que nos rigen. Flotaba entre todos como en una burbuja de infinita conciencia sensorial.

Me decido por fin a salir del agua, me froto, me seco enérgicamente para salir de la dulce torpeza melancólica en la que me habían sumergido el recuerdo de nuestras delicias. ¡Ya son las 13h 23! Me lleva rato prepararme para nuestras citas. Me quito el caparazón de plástico que me he confeccionado para no oxidar el mecanismo de la cadena que llevo atada al collar. Lo engraso, lo seco, saco brillo al círculo de metal que encierra mi cuello. Ya sólo tengo que maquillarme (ligeramente), perfumarme (discretamente) y vestirme. Hace una semana, justo después de que me separara de Vos por última vez, que me pregunto qué debo ponerme hoy. Está ahí, esperándome, cuidadosamente expuesto sobre mi cama que no ha conocido jamás la huella de vuestro cuerpo. Una camisa de seda lavanda, una falda plisada negra de una lana fina, una chaqueta entallada, también negra, un par de medias con costura y el liguero fetiche, el primero que llevé. Ya estoy lista, me calzo los escarpines, me pongo un abrigo porque, pese a un espléndido sol otoñal, estoy helada. ¿Me da tiempo a fumarme un cigarrillo? Me trago el humo a bocanadas golosas como si me fuera la vida en ello y cierro la puerta de mi apartamento. Regresaré al cabo de unas horas, pero cada vez que me marcho a veros tengo la sensación de que miro mi interior por última vez.

Me gusta el taconeo de mis zapatos sobre el asfalto, y me descubro atractiva en las miradas de los transeúntes. Bajo de cuatro en cuatro los peldaños de la estación Miromesnil, y tuerzo a la derecha en dirección al Ayuntamiento de Montreuil. El metro no tarda en llegar al andén y me dejo llevar al interior por la avalancha de los pasajeros. Mi espíritu vagabundea de nuevo hacia Vos, y me fijo en mi reflejo en el cristal sin verlo. ¿Sabéis hasta qué punto Os odio, a veces? ¿Os acordáis de aquella sesión terrible en la que creí, una vez más, que sería nuestra última vez...?

Estaba desnuda, atada, con pesadas cadenas en las muñecas y los tobillos, esperando servíos. Tras haber tomado a sorbitos una copa de champán, mientras estaba sobre vuestras rodillas, decidisteis de pronto que no bastaba con que me abordarais analmente y ocupasteis mi sexo con un consolador de talla respetable, sólidamente fijado a mis caderas con una correa. Sabéis que lo detesto, pero no podía rebelarme, hundirme, tan pronto, cuando hacía tan poco que me habíais abierto vuestra puerta y nuestra sesión apenas estaba empezando. Atada a una escalera, con los puños inmovilizados, jugasteis un poco conmigo, aunque lo que más me trastornaba era vuestro discurso. No tardaron en correr lágrimas por mis mejillas. Me amenazasteis con tener que llevar el consolador cada noche, todas las tardes de mi vida. ¡No podíais pedirme eso! ¡Era imposible que quisierais atacar de tal modo mi intimidad! Yo aún no estaba preparada para vivir algo como aquello, ser dominada a distancia, ¡aceptar vuestra influencia total y absoluta sobre mi vida! Qué joven, inocente e ingenua era yo entonces y qué comprensible era que Vos os aprovecharais de aquel modo de mi candor, que disfrutarais de mis miedos. En ese momento, atada a la escalera, os detestaba, os odiaba, me prometía que jamás, nunca más, me volveríais a ver cruzando aquella puerta. Os lo suplicaba, os prometía aceptar todos los *piercings* que os placiera, todos los castigos que consideraríais necesario, todos los horrores a los que quisierais someterme en lugar de aquello. Ya no sabía qué os estaba diciendo, ya no pensaba ni coordinaba mis ideas. Las palabras se seguían en un discurso totalmente deslavazado, carente de lógica, cuya única línea directriz eran mis lágrimas, mis sollozos y mis hipidos. Quería que se terminara, que vuestras palabras, como agujas que me perforaran, dejaran de llegar a mis oídos, tener un pequeño momento de respiro, saber que todo aquello sólo era un juego para asustarme... Luego me hicisteis gozar, moviendo el vibrador a velocidad creciente hasta alcanzar el fondo de mi sexo. Me sentía perra, perforada, abierta, lagarta. Casi me asfixiaba, entre el goce y el miedo, gozando de mi terror, aterrorizada por mi goce.

República. Tengo que cambiar de metro. Floto entre el gentío, abstraída en mis recuerdos. Una escalera mecánica, dos pasillos largos, dirección Gallieni. Estoy en otra línea que me lleva hacia Vos y me sumerjo de nuevo en mi memoria, en mi habitación de los secretos.

Recuperé un poco el sentido. Tumbada en el suelo, con los ojos cerrados, el espíritu en otra parte, me dejé llevar hacia nuevas orillas. Una sensación familiar en mi piel, una hoja fría, acerada, se dibujaba sobre mí. La hoja revolotea de mis senos a mi vientre, bajaba hasta mi sexo, se detenía en mi espalda, en mis nalgas, regresaba a mi vientre, hundiéndose peligrosamente la carne, se detenía sobre mi cuello, largo rato, hasta hacerme perder la cabeza. Enloquecía, gozando de esa sensación de que acabaríais por matarme, que la hoja no se detendría ahí, que no era más que un pedazo de carne que estabais a punto de cortar, un montón de carne sobre el que habíais decidido practicar una autopsia. Queríais saber qué tenía en las tripas, y yo me hallaba totalmente en otra parte, en una orilla desconocida, en una escena surrealista en la que todos los hombres son carniceros. Me había escapado hacia un destino abracadabrante donde la menor respiración se convertía en una hoja inverosímil.

Lejos de dejar que recuperara el aliento, me pusisteis un saco en la cabeza para asfixiarme aún mejor que con la estrangulación. Ya no controlaba nada, ni sabía tampoco si aún era de este mundo, si reía o lloraba, gozaba o meaba o todo a la vez. Estaba completamente ida, y ya no tenía más que un faro en la noche, un solo punto de anclaje, vuestras manos en mí, Vuestro sexo en mí. Hacía rato que había cruzado al otro lado del espejo. Aún hoy ignoro si me seguisteis, si os apeteció seguirme. ¿Os habéis abandonado alguna vez?

He llegado a mi estación. Intento recuperar el ánimo y desprecio la escalera mecánica. Voy con diez minutos de adelanto y me concedo el derecho a tomarme un café en la terraza del Saint-Amour.

Pensaba que, después de haber compartido esas emociones, el final de la tarde sería un poco más tranquilo. ¡Cómo se me ha podido ocurrir tal cosa! Atada a la pared, me azotasteis, irritando mi piel, tan martirizada ya. El menor roce era una tortura y vos me flagelabais. La sesión del látigo no fue de las más duras que tuve que soportar, pero mi espíritu estaba ya en otro planeta y mi cuerpo alcanzaba su límite. ¿Quién de los dos dijo antes basta? ¿Fue mi cuerpo el que renunció a seguir soportando? ¿Fue mi espíritu el primero en pedir clemencia? Ya no distinguía entre los golpes que se sucedían y mis incesantes sollozos. Imperturbable ante mis coces y mis fintas, seguíais pegándome, azotándome, llevando más lejos aún el momento en que un beso lo calmaría todo. No pusisteis Vuestros labios sobre los míos. Os limitasteis a acariciarme la mejilla, diciéndome:

Ahora ya sé que te gusta el dolor, te azotaré siempre.

Mi café se ha enfriado, me lo trago de un sorbo y pago la consumición. Es la hora de veros. Cruzo el portón del cementerio del Père-Lachaise. Pasillo 5. Número 24. Hace seis años que reposáis bajo esta estela de granito. Seis años que conozco por fin Vuestro nombre y que sigo llamándoos Señor y Maestro, seis años que no me atrevo a pediros dónde está la llave de la cerradura de mi collar. Seis años que soy una sumisa que espera recuperar a su Maestro, cada miércoles a las tres muy en punto.

20

Eva

Sabine Varrona

El día se desgranaba con lentitud. Eva deambulaba por el silencio de la casa ocupándose maquinalmente de las tareas cotidianas como si fueran una carga.

Se aproximó a la vidriera, con la frente contra el frescor del cristal. Jugueteó con el volante de su salto de cama, separó las piernas y aprisionó su sexo, que reclamaba. Apoyó los senos en la puerta-ventana como si ese gesto pudiera petrificar sus ganas. Se dirigió hacia el sofá, se tumbó, se llevó las manos al vientre y suspiró.

Eva pensó en el hombre que había conocido algunos días antes. Repasó sus recuerdos. Le costaba ponerle cara, porque las sensaciones del momento esquivaban el físico. ¿Guapo? No sabría decir, dado que sus criterios eran un tanto estrafalarios. Dispuso como en un puzle las imágenes emergentes y, bruscamente, sin pensárselo mucho, se abrió el salto de cama. Su mano se apoderó del seno considerado demasiado pequeño, lo amasó a través de la camiseta y, sin rubor, su otra mano tiró del escote para pellizcarse el pezón hasta el dolor lo que, paradójicamente, electrizó su vientre y avivó su sexo. Pellizcó el pezón turgente entre sus uñas, tirando de él con tan fuerza que gimió profundamente. Su mano acarició su pubis, buscando su botón, que se erizaba, y hurgó en su sexo para notar la humedad creciente y regresó a mojar, y luego a atormentar, ese garbancillo del placer.

Las imágenes prohibidas que ella quería rechazar la desafiaban. Varios hombres ávidos se disputaban su cuerpo, la acosaban, la manoseaban sin pudor, la insultaban forzándola a adoptar posturas pornográficas que intensificaran su abrazo. Ella siguió sometiéndose a la violencia de esos codiciados embates, sus gemidos y su respiración se aceleraron y luego, de pronto, la censura fulminó su ascensión y, pese al éxtasis que la acosaba, no pudo acceder al placer.

Sin sentirse saciada, y un tanto hastiada, se hundió en una somnolencia que propiciaba pensamientos múltiples. Deseaba sinceramente vivir lo que ella llamaba sus extravagancias, se negaba a privarse de los delirios que surgían cada vez con mayor regularidad y tanto más cuando ella los imaginaba portadores de delicias.

Reorganizando sus pensamientos que, en ese momento, la abrumaban de vergüenza, se preparó para salir, pues se dio cuenta que tenía que ir al centro comercial. Nadine le había pedido que le devolviera cuanto antes el traje chaqueta que le había dejado dos meses antes. Demorando sin cesar ese momento, Eva se había olvidado de llevarlo al tinte y tenía que devolverlo esa misma tarde.

Un tráfico espantoso, pero Eva llegó como pudo a entregar el traje, y le dijeron que se lo devolverían al cabo de una hora. Aprovechó para tomarse un café antes de echarle un vistazo a la librería del centro comercial.

Instalada en la cafetería, con sus fantasmas siempre presentes, Eva observaba el gentío sin verlo. Hurgó en su bolso, sacó una pequeña polvera, verificó con las yemas de sus dedos sus pómulos sonrosados, se alisó las cejas, se perfiló el flequillo y pasó la lengua sobre sus labios aún pintados.

En ese momento, se sintió espiada.

Vio la mirada de ese hombre bajando hasta la punta de sus botas para volver a subir lentamente por la abertura de su falda que descubría el surco de sus piernas cruzadas. Sus ojos se cruzaron brevemente con los de ella y, con un suspiro, cogió uno de sus cigarrillos, lo preparó, lo humectó. Vaivén entre sus labios y su boca, Eva escrutó como su lengua corría, como la suya hubiera podido hacerlo contra su sexo erecto de deseo. Instante furtivo, antes de que regresara a la caricia visual, ella le miró de soslayo. El hombre se tomaba su tiempo, demoraba el momento. Cuando expidió la bocanada de humo que se había tragado, su mano elegante trazó un largo gesto para escampar las volutas nebulosas.

Imaginó minuciosamente sus dedos hurgando en su sexo y cerró los ojos, instante durante el que las ganas de ese hombre que le gustaba llenaron su vientre. Con una sonrisa, se aplicó a evaluar el hueco que quedaba entre sus muslos. Una nube de mariposas aleteando le quemó el sexo y para no falsear la emoción se prohibió moverse, le miró y luego se atrevió a permitirle que se infiltrara bajo su falda descruzando las piernas.

Los ojos del hombre tocaron sus rodillas, acariciaron un muslo, perfilaron el otro, se contuvieron contemplando el color de la tela de su ropa interior. Imaginaba que veía más de lo que adivinaba pensando en la mirada que se arremolinaba contra la seda de sus bragas, rozaba la hinchazón de su carne suave y tibia, y en ese instante la fulminó un placer inaudito. La intensidad de la mirada que la detallaba y la escrutaba era intimidante, le subió inmediatamente un calor embriagador, su corazón se precipitó, se ruborizó y él sonrió. Sonó un móvil, y las paredes de la cafetería cobraron realidad. Atónita, Eva estaba al borde del desmayo y más al borde aún de consentir irse a vivir, en ese mismo instante, con ese desconocido de enloquecedoras caricias. Antes de que su razón se tambaleara y de que se atreviera a interpelar a ese hombre, vio que se levantaba y se alejaba sin mirarla.

Mortificada, aunque también un tanto aliviada, Eva suspiró, pagó su consumición y decidió regalarse algunos libros. Al levantarse, sus manos alisaron su falda que dejaba adivinar el perfil de sus piernas. Eva ponía especial cuidado en vestirse de modo que atizara la codicia.

Al llegar a la librería, Eva navegó entre varios curiosos, en busca de un libro interesante. Consultó varios pero no seleccionó ninguno y, finalmente, fastidiada, había decido ir a la sección de compact discs cuando le llamó la atención la sección de literatura erótica.

Discretamente, miró con prudencia a su alrededor, temerosa que de que todo el mundo pudiera adivinar el estado en el que la había abandonado el desconocido, desatendida y desconsolada. Se dirigió hacia el estand, que estaba desierto y, más tranquila, empezó a recorrer los títulos de los volúmenes. Mientras hojeaba los libros, intentaba dar una sensación de neutral naturalidad. Sin embargo, a ratos molestaba a Eva el tono excesivamente directo de algunos autores y, a la vez, la sacudían algunas palabras que engendraban imágenes turbadoras. La sorprendió sentir deseos de incorporar a los personajes de algunos libros, reunirse con esas heroínas inventadas, experimentar lo que estaba leyendo.

...Los dedos de Corinne hurgaban en el culo de la mujer para abrirlo y hacer que acogiera el sexo de Gilles. Las chicas siguieron acariciándose y luego liberaron a la mujer del abrazo del hombre, la hicieron ponerse de rodillas en mitad de la habitación mientras Corinne seguía martirizando el pezón, que se iba amoratando...

Con el cuerpo y el espíritu en ebullición, Eva pasó algunas páginas y prosiguió:

...El hombre fuerza su ano abundantemente mojado...

Entonces Eva notó que alguien se apretaba contra su espalda. Unas manos cálidas rodearon sus caderas. Se sobresaltó, soltó el libro. Con un movimiento brusco, intentó darse la vuelta, pero el hombre se lo impidió acercándose más. Estaba tan apretado a ella que podía notar la erección de su sexo.

Cuénteme lo que sigue en un murmullo...

Ella imaginó que debía haberse ruborizado y, no sabiendo qué actitud adoptar, decidió ser paciente y quedarse quieta. El hombre recogió el libro, se lo tendió abierto y esperó a que ella empezara a leer.

Crispada, prisionera de una singular inmovilidad, sólo sus palpitantes senos denunciaban las sensaciones que la atravesaban.

Él repitió, con suavidad:

¡Lea!

Con voz balbuceante, Eva comenzó la lectura:

El hombre fuerza su ano abundantemente mojado y dilatado por las caricias...

Con un nudo en la garganta y la respiración corta, Eva no pudo continuar. El hombre apretó con más fuerza sus caderas y articuló con voz dulce y susurrante:

Ahora ya es una orden, ¡continúe!

Eva sostuvo el libro entre sus manos temblorosas y continuó:

El hombre fuerza su ano abundantemente mojado y dilatado por las caricias. La fuerza y ella acepta que se insinúe profundamente en la vaina estrecha. Con un movimiento violento, él arremete frenéticamente sobre esa fulana ávida y la estimula con movimientos contrarios a los que recibe en su coño. Mientras los dos hombres ejercen alternativamente su presión, deteniéndose a ratos, para reanudarla violentamente al cabo de algunos segundos, llega una pareja y se detiene a contemplarlos. El hombre, mientras empieza a masturbarse, coge una correa de cuero…

Ante la imposibilidad de proseguir, Eva abandonó el libro, bajó la cabeza y suspiró. En el momento en que el hombre cogía otro, les interpeló un vendedor para preguntarles si encontraban lo que buscaban. Ella aprovechó la ocasión para librarse del abrazo, recoger su bolso y su abrigo y dirigirse a la salida. No se atrevió a volverse por si el hombre la seguía. La asaltaban un montón de preguntas: «¿Era el mismo desconocido de la cafetería? ¿Otro, apasionado de las sensaciones insólitas? ¿Y si era alguien a quien conocía?».

La preocupaba una última cuestión: «¿Qué hubiera pasado si ella hubiera rechazado sus consideraciones morales y se hubiera dejado hacer?». Esa era la duda que la llevaba a burlarse de ciertos aspectos de sí misma. Eva tenía miedo pero quería experimentar con el sexo, sentir, y no pensaba más que en los deseos que era capaz de imaginar. En el fondo, ella sabía que deseaba ofrecerse sensaciones aún desconocidas. Al abrir el bolso para buscar los guantes, lo vio en el bolsito interior. Con una sonrisa apenas disimulada, lo cogió. Descartando sus reparos cada vez más fútiles, se decidió. Sin reprimir su locura y sin pararse a reflexionar, con lo que hubiera podido cambiar de opinión, ralentizó su paso, se volvió, y reconoció inmediatamente al desconocido de la cafetería que le sonreía. Se acercó tanto que ella sintió el aliento de él contra su mejilla. Sin decir palabra, puso su vibrador dorado en el hueco de la mano de él.

Sin pestañear, el hombre siguió sus pasos cuando ella avanzó a zancadas hacia una puerta con un cartel: «Servicio técnico - Prohibido el paso». Eva accionó la cerradura de la puerta, que cedió a la presión. Al hallarse frente a él, ella se quitó el abrigo mientras él le acariciaba los senos. Lentamente y mirándola fijamente a los ojos, el hombre empezó a arañar su pecho. Sus senos lechosos adquirieron una calidad amoratada y los pezones se irguieron al instante. Él se detuvo un momento, para ver cómo reaccionaba ella, y luego empezó a mordisquearle los pezones escarlata. Eva no pudo contener unos gemidos que animaron al hombre a proseguir con empeño, y a exigirle a continuación que también ella pellizcara sus pezones, los hiciera rodar entre el índice y el pulgar antes de tironear de ellos con fuerza mientras el hombre deslizaba su mano debajo de su falda y rozaba su entrepierna.

De pronto, y sin dejar de sonreír, él sacó un cúter. Lívida, Eva se tensó, quiso escapar, pero él le hizo saborear el mordisco de la hoja contra su mejilla, la obligó a darse la vuelta y la empujó contra la pared, le levantó la falda y deslizó lentamente la hoja por sus pantis que cedieron y liberaron sus nalgas carnosas. Él aplicaba todo el peso de su cuerpo sobre el de ella, le mordisqueaba la nuca, coló una de sus piernas entre las de ella, y manoseó brutalmente sus senos, aplastándoles hasta que los pezones se relajaron. Luego, liberando la presión de su pierna, perfiló con el dedo el contorno de sus nalgas. Bajó la braguita hasta las rodillas, acarició el interior de sus muslos antes de apartar tiernamente los labios húmedos, insinuar un dedo que fue a dar directamente sobre el botón erecto para rozar después el borde de su ano que fue cediendo poco a poco. Con la otra mano, agarró un seno antes de aprisionar el pezón turgente.

Mientras le bajaba las bragas hasta los tobillos, ella notó el tintineo de la hebilla de su cinturón, y él la penetró sin más preliminares. El hombre dibujó lentamente un círculo contra su ano que acogió sin resistencia su dedo índice. Con el dedo dentro, notó como su sexo evolucionaba en ella, lo que duplicó su excitación. Arremetió ferozmente y la agarró por las caderas, sus senos rebotaban al ritmo que él ordenaba y ella se combó, gimió, él ralentizó los movimientos aplicándose con mayor lentitud para que ella aguantara más. La acometió de nuevo cuando ella suspiró y su cuerpo se hizo más pesado. Escogió ese momento para deslizar el vibrador contra los labios de ella, hundirlo en su boca mientras se humedecía el pulgar, que introdujo en su culo con un delicado masaje.

Se esforzaba por apresar ese sexo desconocido con múltiples caricias y luego, empuñando el juguete, lo dirigió hacia el estrecho umbral de su culo. Ella lo recibió con unos grititos y, lentamente, el hombre logró deslizarlo a la vez que reanudaba sus profundas idas y venidas al interior de su sexo. Furiosamente, precipitó la cadencia cuando la notó por fin suya, ofrecida en una sucesión de murmullos y suspiros. Sin perder un instante el hombre le hizo dar la vuelta, y la obligó a agacharse, y la empujó contra su sexo. Cuando ella le abrazó y sus labios se deslizaron sobre su glande para aspirarlo, él le agarraba la cara y la obligaba a mirarle. Alternativamente, su lengua y sus dedos húmedos recorrían con refinamiento las zonas sensibles. A ella le encantaba escuchar sus gemidos, y notó en él un espasmo que logró controlar, y se contuvo. Ella saboreó con la lengua la sabia que empezaba a manar de él y prosiguió despacio y progresivamente la danza de las caricias de su boca.

Un empujón de las caderas de él le hundió más en su garganta, y su inquietante aroma y la humedad de su vello se pegaron a su cara. Él intentó controlarse durante unos instantes, luego se rindió y aceleró, detuvo poco a poco el vaivén, aceleró de nuevo. En el momento en que su propio placer llegaba al paroxismo, el goce le hizo gruñir cuando manó su simiente, salpicando el rostro y los senos de Eva, embadurnándolos.

Lánguida, flotando aún en una beatitud indescriptible, oyó la puerta al cerrarse. Fascinada por el episodio, recogió con gesto automático sus pertenencias, salió por fin de su estupor y se vistió antes de salir de la habitación.

Eva no pudo resistirse a volver a la tienda y descubrió el libro en la misma posición en que ella lo había dejado, lo cerró para colocarlo en la estantería pero, cambió de opinión, buscó el párrafo que había leído y vio escrito en mitad de la página, en tinta roja, un número de móvil y una nota: «¿Hasta pronto?».

Con una amplia sonrisa, se dirigió hacia la caja para pagar el libro que, a partir de ese momento, formaba parte de su vida.

21

¡Átame!

Yo

Finales de julio, la belleza de las calles de París bajo el sol, Rose está sola en la terraza de un café, no espera a nadie y su espíritu vagabundea...

Como ocurre a menudo, sus sueños, muy modestos al principio, empiezan a hincharse como la vela de un barco, crecen, se hacen acuciantes, casi dictadores. Rose sabe que uno de ellos tomará el poder, y que ella acabará por someterse: sabe que, en ese instante, hará cuanto pueda para hacer realidad ese sueño, para darle vida... De momento, ella aún no sabe cuál ganará, por lo que les acoge a todos, los admira, los escucha, les da nombre: este es «Belcebú», ese sueño recurrente y sulfuroso en el que se encapricha de un ser medio hombre medio diablo... O ese otro, en el que, cubierta de frutos jugosos, de crema y de chocolate fundido, la sirven como postre en una fiesta y que ella decidió llamar, simplemente, «Delicias»... Y el tercero, en el que tiene a su disposición a dos hombres bien armados durante toda una noche, y le llama «Maestra Rose»... Ella vacila por un momento y, tras reflexionarlo, concluye que la Maestra Rose necesita al menos tres hombres.

Conoce bien los guiones de cada uno de los sueños y su efecto casi inmediato en su sexo, pero empieza a cansarse de ellos ¡y a considerar que su vida erótica se está hundiendo de algún modo en la monotonía!

Al levantar los ojos, Rose repara en un hombre sentado en la mesa contigua, que la mira intensamente... Querría relacionarlo con alguno de sus sueños... pero no puede ser Belcebú puesto que, aunque es el hombre de sus fantasías, carece de ese resplandor fulgurante del diablo... Tampoco se lo imagina lamiendo su cuerpo untado en chocolate, ni buscando con sus dientes las fresas que se aplastan entre sus muslos... Pero podría ser uno de los tres hombres de su último sueño, arrodillándose ante ella, masajeándole largamente los pies, subiendo lentamente por su pierna, rozándole la rodilla, prosiguiendo su ruta... No, decididamente el guión no está a la altura de lo que ella presiente, y tal vez hoy ella se suelte por fin... Ahora tiene mucho miedo pero, a pesar de eso, le invita a su mesa con un gesto de la mano. Cuando el hombre se levanta, Rose nota como su sexo se dilata y se moja. ¡Y se dice que parece que el día se anuncia bueno!

Al sentarse junto a ella, el hombre le confía:

Me gustaría saber en qué estaba pensando, tenía los ojos tan brillantes...

Rose le corta y le responde, valiente:

Pensaba en lo que voy a decirle ahora: soy suya durante tres horas...

El hombre se calla un momento, la mira con insistencia, le observa los senos que apuntan bajo el corsé, sube de nuevo hacia los ojos, y declara:

A veces la vida es tan maravillosa... ¡Resulta que necesito a una mujer para un rato! ¡Y me parece que me conviene usted!

Se detiene un momento, observa a Rose, cuyo coraje ha menguado e intenta ocultar su azoramiento, y sigue:

Si realmente va a ser mía durante unas horas, quítese las bragas y déjelas encima de la mesa como gesto de aceptación.

Rose se sobresalta, sorprendida, pero empieza a quitarse las bragas lanzando miradas furtivas a las mesas vecinas... Pensaba que su proposición pondría nervioso al hombre pero parece de lo más cómodo, distendido incluso, ¡y eso la está poniendo a mil! Le encanta esa sensación interior de estar flotando, ese miedo leve mezclado con excitación...

El hombre toma de nuevo la palabra, con una voz sorda que hace vibrar el vientre de Rose:

Ahora me acompañará usted al restaurante; si quiere dirigirse a mí, me llamará Señor.

Rose piensa que tal vez perderá tres horas... pero pesa más su elevado concepto de la palabra dada. Se levanta, avanza la mano para recoger las bragas, pero el hombre ya las ha cogido y las desliza lentamente al interior de su bolsillo mientras la mira fijamente.

Salen los dos a la vez y caminan un momento sin hablarse. Rose se siente incómoda, y se prohíbe pronunciar las preguntas que le asaltan los labios... «¿Cómo se llama?», «¿A dónde vamos?», «¿Qué le parezco?» Se esfuerza en mostrarse desenvuelta, pensando que hacerse llamar Señor es bastante pretencioso, y diciéndose que, al fin y al cabo, tampoco es tan terrible perder una tarde en la vida.

«Señor» sabe a dónde va, porque camina con paso decidido, dejando atrás varios restaurantes en los que ni se fija. Se detiene frente a una puerta maciza, en la que hay una placa discreta que Rose no logra descifrar. Ya ha llamado al timbre, y la puerta se abre a un espacio oscuro aunque caluroso, con las paredes tapizadas de terciopelo rojo, velas en las mesas, música de jazz en sordina. Rose se dice que, al menos, la música es buena... Hay algunas personas: Señor se acerca a uno de los comensales, de avanzada edad, le saluda y luego le invita a sentarse a su mesa con Rose. Se vuelve luego hacia ella con ademán decidido y desabrocha uno a uno los botones de su corsé, ¡mostrándoles a todos los presentes que no lleva sujetador! Rose se avergüenza al principio, pero recupera la valentía que la sostiene y la embellece.

El señor anciano es adorable, con su sonrisa afectuosa y sus ojos risueños. Está rodeado de gente, y todo el mundo le habla con respeto. Rose comprende que es un artista del *bondage*, que practica desde hace muchos años, a escondidas de su parientes, y que le gusta que le llamen Tito Cordel. Rose queda prendada de ese hombre modesto y maravilloso; disfruta de una comida muy agradable a su lado.

De pronto, se saca un estuche del bolsillo, se ajusta las gafas y blande un par de pinzas de las que parece estar muy orgulloso.

Las compré en el BHV y tuve que ajustarlas para que fueran más suaves...

Rose se ríe; le encantan los artistas que reciclan o confeccionan objetos para venerar a la mujer...

La mira, con las pinzas en la mano, y sus ojos bajan hacia sus abundantes senos:

¿Puedo ponérselas?

Rose se ruboriza, feliz de haber sido elegida... Accede y se obliga a estarse quieta mientras él se las aplica. Se siente de lo más orgullosa, exhibiendo sus pezones, y mira a Señor, que no hace ningún comentario, aunque sonríe ligeramente.

La sala se va animando, se escucha el chasquido de algunos látigos. Rose parece indiferente a ellos, pues toda su atención está centrada en aquellos dos hombres, su mirada va de uno a otro, y siente que le están robando la voluntad... La voz grave de Señor la sobresalta: sencillamente está invitando al artista a seguir con su obra...

Con ademán tranquilo, el anciano rebusca en una segunda bolsa y saca una madeja de cordelitos, le pide a Rose que se levante, la mide como un artesano que mesura un bloque de piedra antes de empezar a tallarlo, y empieza a moverse, como un bailarín. Trabaja con ahínco, va soltando la cuerda, hacen nudos como por arte de magia... Durante breves segundos, Rose tiene miedo al verle aproximarse con la madeja en la mano, pero se le pasa pronto, fundido por el encanto del anciano. Rose siente que se convierte en materia, objeto a modelar, objeto venerado por el artista, lo que le permite dejarse ir entre sus manos.

De vez en cuando, recula como un escultor que se aparta de su obra para contemplarla y prever cuál será el próximo nudo... Maneja la cuerda y las tijeras con una velocidad impresionante, muy concentrado y a la vez en contacto permanente con su creación. Las cuerdas están tan apretadas que Rose tiene dificultades para respirar, pero le proporcionan una sensación extraña, casi agradable, de estar contenida... Todo su cuerpo está esculpido, aparte de las piernas, que ha dejado libres.

En algunos instantes, él ha trabado una relación fuerte con ella, como la de un pintor con su modelo.

Rose casi se ha olvidado del hombre a quien le ha entregado tres horas... Cuando piensa de nuevo en él, nota el aguijón de la ira: «¡Vaya un inútil! ¡No sabe ocuparse y necesita subcontratar a alguien! ¡Qué morro!». Se vuelve hacia él, sintiendo un repentino cambio de humor: plantado ante Rose y su escultor, contempla la escena con ojos tan profundos que se siente atravesada, magnificada, y la invade una extraña sensación de felicidad. Hay dos hombres, como en su último sueño, pero en esta ocasión ella está a merced de ellos; por primera vez, ella entrega las armas y se somete completamente, fundamentalmente, con una sensación vertiginosa.

Señor le ordena que suba al pequeño estrado que se halla al fondo de la sala. La contempla, felicita al artesano y le pide permiso para terminar... Toma un cordel nuevo y ata las piernas de Rose, muy separadas, cada una a un gancho situado a ambos lados de la tarima. Rose se siente muy vulnerable, con el sexo abierto, mojada sin duda, con dos cuerdas rodeando cada uno de los labios, los brazos levantados y enredados en una magnífica tela de araña, con los senos moldeados por la cuerda... Ilumina algunas partes, las ajusta, juega con las luces y las sombras sobre la piel y las cuerdas. Rose se estremece, y siente que aún hay algo vil en el fondo de su vientre, se abandona...

Luego, él se incorpora y declara con su voz cálida:

Querida Señora, todavía tiene usted cincuenta minutos para ser una obra de arte a nuestros ojos...

Él recula, se une a su compañero de mesa y le habla flojito, sin apartar la vista de Rose. Ahí está ella, inmovilizada, tironeando y provocando alternativamente la caricia fuerte de las cuerdas que se aprietan entre sí y otra caricia casi virtual, la de las miradas... El murmullo de voces se ha atenuado en el restaurante, otras miradas se vuelven hacia ella, nota su fuerza. Rose conoce ahora el goce de la sumisión... Le gustaría que ese momento no se acabara jamás.

22

Travestis

Géraldine Zwang

Hace dos meses, Bernard (¿a que es nombre de cornudo?), el gallina de mi marido, fue con los compañeros de trabajo a celebrar su nombramiento como director de márquetin de su empresa. Un trabajo de gilipollas del que está muy orgulloso, como todos los tipos bien pagados que imaginan que su pasta les otorga una superioridad que no poseen. En definitiva, cuando llegó a chez Aldo, estaba bastante achispado y hablaba alto para hacerse notar. El bar era pequeño, oscuro e invadido por criaturas soberbias: negras de culos gigantescos, rubias platino de senos agresivos, tailandesas de proporciones perfectas. En realidad, era el club nocturno de travestis más bonito de París. Eran todas hiperfemeninas, casi irreales, y lanzaban una miradas provocativas, espoloneaban a los hombres con roces o pegándose vulgarmente a ellos. Una brasileña espléndida que sólo llevaba un body y medias se acercó a mi marido. Le invitó a bailar posando una mano grande con las uñas pintadas sobre su pecho. El cretino me confesó que tuvo la extraña sensación de que no le habían acariciado hasta entonces, y que sintió un escalofrío que le recorrió de pies a cabeza. La brasileña se lo llevo a la pista, bajo la mirada excitada y guasona de sus colegas, igual de gilipollas que él. Lo sé, me los he merendado a casi todos. Tanto para vengarme como para vengarles a ellos.

La chica se puso detrás de él y empezó a frotarse lascivamente con él. La punta de sus senos se apoyaba con insistencia en su espalda. Su grupa se meneaba cadenciosamente, suscitando la mirada ávida de los otros hombres. Evolucionando sobre la pista, acarició delicadamente su polla para verificar su erección. Muy profesional, acompañó su gesto con un «mmm» sugerente, apretando tiernamente sus cojones. El otro no podía más y le propuso ir a tomar una copa. Ella aceptó y le preguntó si su amiga podía ir con ellos. Un culo magnífico y escultural de negra se contoneó hacia el bar. Llevaba una falda larga muy transparente que no ocultaba ni su liguero ni sus bragas. En el bar, las dos «mujeres» rodearon a mi marido y le excitaron a tope. La negra le hablaba a la oreja mientras se la lamía de vez en cuando, y la brasileña le arañaba lentamente el pecho con sus largas uñas rojas. La negra puso su vientre contra sus nalgas y mi infra-hombre notó un pollón formidable apretándola la raya de culo. Ella lo iba empalmando con un dedo certero que iba de la base de sus cojones hasta el glande, que pinzaba suavemente con las uñas. Él, el gallo, se entregaba a la dulce caricia sin atreverse a tocarle la polla a la negra.

La brasileña fue la que habló antes:

Se la pones dura a mi amiga. ¿Y si vamos a mi casa? No te arrepentirás. Te haremos un buen precio.

El otro imbécil había olvidado que estaba tratando con putas. Debía pensar que las cautivaba la belleza de su ojete. Lo estúpido que puede llegar a ser un hombre cuando se le sube el esperma a la cabeza...

Demasiado excitado, no pudo negarse.

¿Cuánto?

Quinientos euros por las dos toda la noche.

Al decirlo, se pegó a él y meneó su culo sobre la polla de él. Aceptó sin reflexionar. Sus compañeros estaban tan ocupados a su vez que no repararon en su partida.

En el coche, la negra se sentó junto a él y la brasileña en el asiento trasero.

Mientras circulaban, la negra le desabrochó la bragueta y sacó su miembro fuera del pantalón. El tío estaba empalmado como un loco.

Qué polla tan bonita, jefe. ¡Deshollíname bien con ella! ¡Quiero probarla!

«Qué amables son las putas. Lo bien que saben hablarles a los hombres... Un pequeño halago sobre el tamaño de su polla y comen de la mano de una. Porque, en cuestión de pollas, mi marido está lejos de ser un mamut, más bien es un perro de aguas. De cualquier modo, nada que ver con los tíos a los que me encuentro en el Meetic y que selecciono según el tamaño de su aparato. Mi marido quería una mujer de su casa, y la tiene, pero hay que ver los troncos con los que se calienta...»

Los labios húmedos de la negra se apoderan del glande de Bernard (perdón por el pleonasmo) y empezaron a aspirar. Su lengua caracoleó suavemente alrededor de la punta y comenzó a rodar cada vez más rápido bajando por el fuste, sin dificultad, hasta hundir el glande al fondo de su garganta. El otro no daba crédito y empujaba su vientre adelante para *ocuparse* mejor de aquella boca. La brasileña le pellizcaba los pezones y los hacía rodar entre sus uñas.

Estaba a punto de gozar cuando la negra dejó de mamársela.

Mmm, tienes una buena polla, me encanta chupártela. Mi lengua sabe todavía a tu glande.

Llegaron a casa de la brasileña, un pequeño estudio en el distrito 13.

Nadja les sirvió una copa y puso un disco de música brasileña. Bailó exagerando las poses lascivas que más le excitaban a él. La bolsa del sexo del travesti deformaba el body, y mi marido se sintió turbado dando que nunca había tenido, oficialmente, aventuras homosexuales.

Sherry, la negra, se sentó a horcajadas sobre él y le quitó la camisa. Le besó profundamente en la boca mientras frotaba su pecho con el suyo. Su lengua se activó en la boca de cuadragenario de mi marido, que le devolvió su beso fogosamente.

Nadja aprovechó para desnudarse y empalmarse lentamente mientras les observaba. Se unió a ellos y acabó de desnudarle. Su polla se erguía hacia las nalgas de Sherry, sentada sobre él. Lo aprisionó en la raya de su culo y la deslizó hacia su surco mientras Nadja le chupaba los cojones y el ano a mi chico. Sobre su vientre, reposaba el grueso rabo de Sherry y él colocó negligentemente su mano encima.

Ay, blanquito, quieres ver mi pollón de negra... Pues aquí lo tienes, míralo.

La negra se quitó las bragas y descubrió su fabulosa polla de ébano con el glande rosado.

Mi marido dudó apenas antes de sacar la lengua y aspirar el formidable capullo que le presentaba la negra. Su verga le llenaba tanto la boca que le dolían las comisuras de los labios. Una buena mamada. Él ponía todo su empeño y agradecía la perseverancia con la que Sherry pretendía invadir su boca con su estaca.

Sí, lame bien mi polla de perra. Te romperá ese culo de virgen que tienes.

Presa de una espiral sexual, el sarasa de mi marido se abalanzó con más ganas sobre la polla.

Tenía los cojones y el culo empapados de saliva, y Nadja intentaba penetrar con su miembro en el agujero negro que cada vez estaba más dilatado. Desenrolló suavemente un preservativo sobre su cola y, de espaldas a Sherry, se enculó con una sola sacudida.

Fantástico, me estás enculando todo, siento que tu polla se abre paso en mi interior. Verás cómo te corres, puta mía.

Nadja sacaba completamente la polla de su culo y luego se la metía hasta el fondo, de una vez, brutalmente.

Tomado por dos mujeres de una glotonería sin igual, el idiota sentía que estaba «como flotando». Sherry iba y venía cada vez más rápido en la boca de Bernard. Casi no le dejaba respirar. Y Nadja subía y bajada sobre su polla con el ojete completamente dilatado. Se echó a reír mientras seguía bombeando. Le dijo a Sherry:

¿Crees que el blanquito va a durar mucho más?

Efectivamente, los cojones de mi cornudo estaban a punto de explotar.

Sherry respondió a Nadja con el mismo tono de complicidad:

Para, se está poniendo como un toro. Parece que los «trans» le hacen efecto. Te digo yo que tiene cara de ángel, pero chupa como un vicioso.

De un salto, Nadja retiró la tranca de su culo. Se incorporó y, con un gesto muy femenino, se apartó el pelo de la cara. Retiró el preservativo que seguía oprimiendo la polla del desgraciado de mi marido. Con un gesto brusco, lo que le hizo gemir.

Sherry, con la polla bien caliente, le gritó:

Si me muerdes, te pego. No me gustan los caníbales.

Nadja observó cómo su amiga seguía masturbándose con la polla de su presa, y luego le susurró algo al oído. Sherry se rió. Respondió, simplemente:

Evidentemente, es un castigo apropiado.

Sherry salió de la boca de Bernard y se movió. Al pasar ante Nadja, ésta le lamió la punta de los senos. Sherry soltó una risita ahogada, embriagada de satisfacción. Se dijeron algo más en voz baja que él no logró entender.

Nadja se acercó a él, que no había gozado todavía. Las dos mujeres aún no le habían dado la oportunidad.

Nadja se subió al sofá, se puso de espaldas a mi maridito y se sentó en su cara. Le dijo:

Lámeme bien el ojete. Quiero que te comas todo lo que te eche en la cara.

El otro se quedó paralizado por la orden. La idea de que cagara en su boca le repugnaba. Quiso deshacerse de ella pero Nadja se había aposentado en su cara como una dominadora, y Sherry le sujetaba fuertemente las manos para impedirle que rechazara a Nadja.

Aterrorizado, mi mariquita se puso a lamerle el ano a la brasileña. Bernard lo notaba relajado bajo su lengua, dilatado por los golpes de verga que se había prodigado. El ojete de Nadja sabía ligeramente a caucho y a excrementos. Angustiado ante la idea de que la brasileña pudiera llenarlo de mierda, se le pasó el calentón de golpe. Sherry lo advirtió, y le tomó las manos para colocárselas en sus cojones. Le indicó los movimientos que debía realizar para empalmarse de nuevo.

Le animó con dulces palabras:

No temas. Todo irá bien. El ano de mi amiga es delicioso. Saboréalo bien. Acaríciate. Piensa en tu placer, piensa en tu polla, que yo contemplo. Veo como se va poniendo dura.

Efectivamente, las palabras de Sherry tenían un efecto tranquilizador en el cobarde de mi marido. Se fue calmando y empezó a saborear el cráter estelado de la brasileña. Ya no le preocupaba si ella iba a contenerse o no. A fuerza de lamerlo, el sabor de su agujero estaba empezando a resultarle agradable. Bernard apuntó con la lengua para hundirla como un dardo. Volvía a tener la polla erecta, y Sherry la tomó entre sus labios. Se la chupó mejor aún que en el coche. Las mamadas debían ser su especialidad. Cuando estuvieron nuevamente al borde del goce, las «chicas» se detuvieron para ocuparse de él.

Sherry fue a poner un nuevo CD en el lector. Se pusieron a bailar alegremente cogidas de la cintura, sacando el culo en pompa. Parecía que compitieran por mostrar su culo de la manera más provocativa. Nadja hizo gestos obscenos con su polla, levantándosela con una mano y agarrándose los cojones con la otra. A medida que bailaban, sus cuerpos se fueron calentando y se les erguían las pollas, provocadoras. Nadja le dijo a su cómplice:

—Lléname el culo, lo tengo vacío. Y señalando a mi marido: —Esa loca de ahí me lo ha dilatado. Date prisa, creo que voy a agarrar un resfriado con esta corriente de aire.

Sherry no se hizo de rogar. Asiendo sólidamente a Nadja por las caderas, la enculó de un golpe, mientras seguía moviéndose al ritmo de la samba.

Las dos miraron a Bernard, encantadas con el espectáculo que le ofrecían y que aumentaba su placer. Le hicieron un gesto para que se uniera a ellas. Sherry gritó:

Ven tú también, antes de que se acabe la música.

Con la polla en fuego, no titubeó. Se colocó, muy excitado, detrás de Sherry y mojó torpemente su ano con los dedos.

Sin dejar de penetrar concienzudamente a Nadja, le ayudó a abrirse paso apartando al máximo las nalgas. Él la penetró, y saboreó la intensa presión del ano.

Arrimados los unos a los otros, siguieron bailando, follando y emitiendo roncos gritos de placer. Se corrieron todos casi a la vez.

A las 16, Nadja me llamó para contarme la noche que había pasado con mi marido y dándome cita para cobrar los 2.500 euros del encargo y para remitirme su informe. Me deleité con los detalles suculentos que me susurró con su acento brasileño. Tan deleitada que acabé con el becario instructor en el dolor de mi marido entre las piernas.

Al regresar, Bernard encontró la casa vacía, con sólo una nota en la mesa baja del salón.

Cariño

¡Bravo! Nadja y Sherry son magníficas y espero que te hayan complacido tanto como me está complaciendo ahora mismo tu becario.

Tu mujer que te quiere por lo que eres: gilipollas.

P. S: He puesto el testimonio de Nadja en manos del abogado Soundry.

23

Sueños pulsión

Ljubi Zwezdana

El grano de tu piel sobre mi lengua, te lamo
te tomo por la nuca, te doy la vuelta
castigo —te muerdo y te debates
me dices adoro esta sensación
ser contemplado como un objeto
me suplicas, aún sin convicción
yo tumbada de espaldas
un sexo de hombre de látex entre mis piernas
tú con la cintura ajustada en un corpiño con las nalgas al aire
y te sientas a horcajadas sobre mí,
en el espejo cerca de ti veo tus cojones calientes
y pesados y tu culo que separo
y suavemente te empalas y vas y vienes
y veo el objeto entrar y salir entre tus nalgas
y tu polla tiesa y dura
el glande rojo y caliente bajo mis dedos
y tu te empalmas en mi mano
y te empalas al mismo ritmo y el placer viene de pronto
y tan violento que te hace gemir
y tu corazón se acelera
y en el espejo tu ano dilatado
y tu gozas mordiéndote los labios, con los ojos cerrados...

Estás de espalda, desnudo, sentado ante una pantalla, ella está
de pie, quejosa, su fisionomía tan extraña
su pelo espeso y negro como un casco

te reprocha que colgaras al reconocer
su voz
y se acerca a ti y su falda se entreabre
tu entrevés su sexo espeso
y oscuro como un erizo obeso
y ella quiere que te tumbes que cierres los ojos
y que abras la boca y ella se siente sobre ti
y se agacha
notas el olor de su coño
ella te coge la mano lame tus dedos
su saliva se derrama por tu muñeca
y ella tironea de sus labios y abre su sexo
tu mano en su interior quiere que hurgues en ella
que se la metas hasta el fondo y que su coño le queme
sientes su excitación sobre tus dedos
y ella se abre
y sus lágrimas resbalan y aumentan sus espasmos
que invaden su vientre
y brota su orina
y tu bebes, con la boca abierta…

Hay un montón de gente de pie, jaleo, música en sordina
estoy sentada, una chica cerca de mi me habla
blusa clara, senos adivinados, pesados y pálidos
sus pezones son gruesos, los ojos de los hombres en ella
dice que ha venido por mi
que ha tenido fantasías conmigo
las bolas de geisha están al fondo de su coño
y pueden vibrar
que es decisión mía, que ella está dispuesta
que no lleva nada debajo de la falda
que se ha vestido así pensando en mí
dice que tiene ganas
y ven, por favor, ven ahora
y el sabor de mi boca y de mi lengua en su sexo

que su sexo es imberbe y tan sedoso como a mí me gusta
y su mirada líquida me estremece violentamente
y ganas de sus lágrimas y te veo frente a nosotras
y tú tienes esos ojos de polla
y en un pequeño lavabo ella se levanta la falda
para que la mire
con las piernas separándose, el sexo abierto
y veo cómo sale la orina y ella lo hace
y es sexy
y mi corazón palpita en mi vientre y tú has venido
tu mirada animal y tu extraña sonrisa
de rodillas la lamo, con su sabor en mi boca
mis dedos en ella giro lentamente
y su coño está lleno
y las bolas acarician sus paredes y yo las hago vibrar
y ella se arquea e implora dame dame
y quiero que ella se levante y regrese al gentío
que los hombres la miren, que se siente
en un rincón
mientras yo me uno a ti te cojo de la mano
y te masturbo apartando la ropa
tus ojos fijos en ella quiero que ella me mire
y no bajo la cabeza
y veo el placer que le contorsiona los rasgos
y el gentío que vacila a su alrededor es ruidoso
y yo, contra tu piel, te masturbo,
hasta que noto en mis dedos
tu leche que se derrama...

De noche una amiga cerca de mí menuda, su piel suave
lleva un vestido corto y se ríe nerviosa
la he tomado por la cintura, sentado en un bidé anticuado la he
lavado, acariciado un poco
y su coño es imberbe, el interior liso y caliente
riendo nos hemos puesto un guante fino de látex

y lubricado nuestros dedos
hay un pasillo largo de luz tenue
y al final una habitación oscura, una cama
estás ahí con las nalgas levantadas, esperas de rodillas
se adivina un espejo
le susurro bajito que encienda la linterna
que lleva en la mano
y estamos cerca de ti
ella se arrodilla, yo empujo su cabeza hacia tus nalgas
con el peso de su cabello sobre tu espalda
ella se inclina con los ojos cerrados
gimiendo un poco, mis uñas en su coño
y le murmuro que abra tus piernas
que hurgue en la oscura raja de tu culo, su pulgar en tu ano
ella roza, acaricia suavemente
musita que cree que te gusta
mi pulgar sobre el suyo que se desliza hacia el interior
nuestros dedos unidos y tú te abres y en el reflejo
veo tu sexo erecto
y el anillo apretado en la base de tus cojones
te cojo la polla, está roja y dura
y su mano para que te masturbe ella
le da apuro, se mordisquea los labios
tu ano liberado pides más, quieres más mucho más
te penetro y te abro, mi mano al fondo de tu vientre
gritas, duele pero es también tan bueno
el haz de luz sobre ti estás magnífico tan abierto
con mi puño dentro de ti te acaricio te digo que quieres
que debes gozar así, enseguida
ella te aprieta y te masturba poco a poco y más deprisa
yo retiro tu mano te quedas boquiabierto
quiero que ella te mire así,
te diga lo que nos dejas ver
ella ha abierto las piernas su sexo hinchado los labios
enrojecidos

la penetras lentamente y la follas
la boca dulce me lame su lengua hurga en mi...
placer.

La habitación es pequeña, hay velas en el suelo, una cruz
un gran ventanal en una de las paredes
el cielo está oscuro sin luna, hay ruido de olas
y en el aire ese perfume particular a orilla del mar
te he desnudado, he abierto tus brazos sobre la cruz
con los puños atados
tus ojos vendados
te digo muy bajito que van a entrar unas personas
y te chuparán
que las he elegido para ti
y que quiero que esperes para gozar
que quien decide soy yo y que tú quieres
y yo tomo una varilla larga y fina y te azoto
lentamente
gimes un poco, pides que no te dé muy fuerte
y luego hay ruido en la habitación
distingues tres voces, dos mujeres
una de voz melódica, la otra más grave, de fumadora
también hay que un hombre que dice que eres atractivo
de rodillas te tomo en mi boca
con tu polla erecta, magnífica, te empalmas
y estoy detrás de ti, con el látigo en tus nalgas
y luego te acaricio y luego te doy más fuerte
dices no que hace daño y disminuye tu erección
una mujer se acerca
notas el roce de sus uñas en tus cojones y tu sexo
ella se inclina, te acaricia con sus labios
y te bebe a lengüetadas como un perrito
y su lengua es ligera y caliente
y tu polla dura e hinchada y bajo mis dedos
noto tus cojones tan duros y ella se incorpora

sus labios en tu boca
y yo veo el deseo en sus ojos
y en la habitación, silencio atento
cargado como en una espera,
y las siluetas pasan silenciosas
y tras las celosías
se adivinan las miradas... que se demoran
y yo te azoto y en tus nalgas hay marcas rojas
y tu corazón se acelera
y veo el sudor en tus sienes
y es turbador y viene la otra mujer
cabellera largo y sedoso, lo enrosca en
tu polla
y te acaricia así, tu glande violáceo se asoma entre el cabello
agachada frente a ti ella lo toma en su boca
y luego también tus cojones
y con tu sexo apuntando el suelo, ella te chupa y yo te pego
y sobre tu vientre largas huellas oscuras
y yo aparto tus nalgas y deslizo mis dedos
te abres tan pronto y mueves las caderas
y noto tu emoción y quieres más aún
y que te penetre más y con el puño cerrado yo te abro
y noto que te gusta
y el hombre se acerca y es atractivo y viril
su boca de grandes labios perfilados
y te posee sin tocarte y te lame y te masturba
sus movimientos rápidos y sensuales
y luego más y más deprisa y más, tu polla al fondo de su garganta
las dos mujeres siguen ahí murmuran y contemplan
bajo mis dedos tu ano dilatado, dices que te vas a correr
y él se retira y tu eyaculas en abundantes chorros blancos
y tu corazón late tan deprisa y que dices que sí te ha gustado
que en realidad te ha encantado...

Me dices que la noche es larga y espérame
me cuentas tu fantasía, que imagine
y sin tocarte, mire cómo te acaricias
y que eso te excita y que ya estás duro
y yo sé de tu polla en tu mano y su forma
y tus dedos apretando fuertemente tu verga
y tu piel que resbala
y cada vez más rápido
y estás tumbado de espaldas y yo arrodillado ante ti
levanto tus nalgas, con mis rodillas debajo de ti
y tus piernas bien abiertas te miro
es excitante
y yo gimo un poco y se me llena la boca de saliva
y mi coño está húmedo y se abre y chorrea
y mis muslos se separan y dices que sí que eso te excita
y yo te describo el bello agujero de tu culo, tus testículos subidos
y tu mano que se masturba y yo quisiera ser tu mano
e inclinarme sobre ti y mis labios sobre tu sexo
y oírte gritar, sentir los espasmos que aumentan
y el placer brutal y tu jugo en mi boca
babeo de esperma y me lo trago
con el vientre sacudido… y te espero

Creo que eres un diablo, eres un diablo en mí
me despierto y es aún de noche
y hay una especie de locura roja en mi cabeza
te deseo deseo tu voz y que digas
tu sexo que se hincha
y tu voz que se quiebra y vacila
y yo te llamo y me respondes que dormías
pero estás dispuesto a escuchar mi sueño
el espíritu adormilado
y pronto tu silencio atento, sexual
y en tu aliento, como una tensión que me emociona
vientre penetrado

y es un lugar, hay gente sentada que bebe y ríe
tú te levantas, empujas una puerta, yo te sigo
de espaldas a mí meas en una pared de agua
y yo cojo tu polla en mi mano, está un poco blanda
y caliente, conmovedora
y yo dirijo el chorro y tú te ríes y ella se tensa un poco
y luego te desabrocho el cinturón, voy deprisa puede entrar alguien
no llevas nada debajo de los vaqueros y te acaricio el culo
y te inclino y tu protestas pero separas las piernas
y entre tus nalgas deslizo un largo preservativo anal rojo
y dejo el anillo visible fuera de tu ano
tu olor íntima en mis dedos
perfume de almizcle poderoso que me encabrita el vientre
y luego sueño todavía y estamos en otro lugar
y la música es fuerte
la luz erótica velada por el humo
y de pie tu bailas y tu bello culo se contonea
e imagino la sensación, tu ano colmado
una chica pegada a mí su boca amorosa
y tus dedos bajo su nariz quiero que ella te huela
y tu olor la perturba y la emoción
y sus rasgos se confunden y veo que te empalmas
e imagino cada bola que saco lentamente
y que se abre paso en tu interior
y sé de tu placer... dentro de un momento.

The rleit gou leiw (teu riet goléou)
Te caíste de mi corazón
ganas de dormir sola esa noche
tus historias para dormir que me impiden
dormir
y yo cierro los ojos y querría marcharme
inclinado sobre mi cama me dices que tú no puedes
no quieres decir no

amar todos los sexos, mentiras, mañana
y lo sabes todo del amor y del deseo de las mujeres
y sueño con instruirte en el placer femenino
que sitia el vientre y trastorna
éxtasis, ausencia y notar una polla caliente
que te abre y te llena y su piel y las ganas
que vienen rápido
boca cazzo le fiez chiavarre
y dudo
y podría escoger un objeto ligero y tibio
como una polla de hombre
o un hombre con una bella polla de hombre
y enloquezco y ya no cuenta nada más
te ríes de mi obstinación
pero sé de ese placer y quiero como iniciarte
pero te gustan demasiado las mujeres
para amar el cuerpo de un hombre
pero dices sí quizás un sexo de hombre y pechos
y por ti la encuentro, le encuentro
su piel de sol, labios carnosos
su voz grave de hombre joven
sus piernas de bailarina, la luz en sus ojos
y es Bahía
y su cintura es estrecha y sus nalgas abombadas
y sus senos espléndidos y su mata de pelo
su boca risueña
y luego veo que le gustas
ella desnuda de cintura para arriba y entreabre su vaquero
senos enormes, sexo erecto, tu polla entre sus senos
con suavidad te masturba
y luego se pone en pie con el pecho contra tu espalda se frota
los pezones duros eróticos y su vientre en tus nalgas
se contonea, te busca, sus manos de hombre
sobre tus caderas
y su sexo que se yergue y hurga en tu culo, violencia

y mi ternura y tu polla en mi boca
él te encula y tu le sientes, hondo, y eso te excita
y su polla caliente en ti, te la tragas y la escupes
sentirte poseído
y te gusta que te tome, deseo de sumisión
y avanzando de la espalda a la pelvis, la cresta del placer
y es un orgasmo desconocido y gozas
con el culo desfondado, espasmos en el vientre, el esfínter se dilata
y estallas
y descargas pegado a mi lengua
y las piernas te flojean y te olvidas del tiempo...

Mi chiami doppo se vuoi
Ella está en tu cabeza, ocupa tu cabeza
es como una obsesión la has visto poco tiempo
durante un almuerzo en presencia de otros
que llenaban el espacio
te gustó su piel, su risa provocativa
y la miraste, con tus ojos oscuros
y tú sabes y ella sabe
y tu sueñas
la deseas, y gozar con ella
y tal vez una sorpresa, una mujer como un desierto
y tú sabes el beso que te dirá quién es ella
si el sexo será fuerte o bien sentimental
y temes el aburrimiento y luego la laxitud
tu sexo está en tu cabeza y conduce tu vida
y hoy sueña con el beso boca quieres
y es una fiebre
senos desnudos, y son grandes
y ella tendrá sus gestos tu polla entre sus senos
y su coño muy oscuro y sus labios estrechos
la ranura bien apretada y ella querrá enseguida
y olvidar las palabras y él la inclina y la arquea

la ropa ligera, la braga poco salvaje y él la abre
y adora su sabor y las nalgas levantadas la abre
y la lame y ella dice eso no
pero su cuerpo languidece lo que le dice que siga
y su sabor es violento y le pica la lengua
y ella gime
y le dice que vaya ahí que tiene ganas
que quiere conocer su forma
y ven, ven, ven, suave, lentamente, muy lentamente
que sienta bien tu sexo
y mi coño es mi boca que aspira y que te traga
y él la toma y ella llora dice que se va a correr
y no se mueve más y espera, espera un poco más
y sabe que está atrapada, que su cabeza está atrapada
entre el placer como límite del goce
y el miedo, como temerosa ante el mal que le causará
el mal de amores
y él dice las palabras, todas esas palabras trilladas
y dice, dime, dime que tu sexo es sólo mío
y no pienso más que en eso, me encanta besarte
y el sabor de tu culo y otras palabras más
todas esas palabras importantes que se tornan irrisorias
y él sabe que la noche se desgrana, que por las mañanas se
pierden
y que hacen falta promesas para tener tranquilas
a las mujeres
el placer de las mujeres depende de ellas… y él miente.

Mes illusions donnent sur la cour (Serge Gainsbourg)
Mis ilusiones dan al patio

Una noche ella llegó y tú dormías
mimosa se deslizó, en tu tobillo una atadura
tres nudos y luego un deseo y es como un cuchillo
que le abre el vientre y ella quiere saber

y no se cree lo de tu amiga viajera
y además no te empalmas y dices demasiada bebida
y la noche se hace larga, junto a ti adormecido
y ella recuerda la llamada que se corta
y esa extravagante historia sobre la cita olvidada
y ayer y la noche antes y ella se levanta
él va a despertarse su corazón late en la habitación
pero no le importa ella quiere saber
y sus SMS
y hay mujeres que le hablan de su sexo
de su boca que sabe a poco y de la noche anterior
y que pronto será domingo y su corazón tiembla
y ella siente que toda su vida ha cambiado y lo detesta
y ella llora pero no quiere perderle
y le quiere solo para ella
y su boca como de hiel su cuerpo sus manos
en él
estafa
y él se pone duro y agachada sobre él, ella se empala
y se masturba violentamente sobre su polla
ella sabe que a él le encanta y que la verga está dura
y ella sonríe y no se correrá, pero hará como si
sí
y su odio es violento, y le quita el aliento
parece que esté gozando y él la cree y ella gime
y más aún pero ella quiere su placer
y que le diga las palabras
las palabras de pertenencia que se dicen durante el amor
y más tarde en la noche ella olvidará su rencor
dos dedos entre las nalgas le acaricia
y tiene su polla en la boca
ella se hará sus fantasías y otras venideras
su sexo como un arma
se lo cree

ella le volverá loco
y será ella… la única.

Next step next step
Está solo y es libre es su opción
gitano mañana en otra parte como una esperanza
y todas esas mujeres al final de su polla
le tranquiliza y lo quiere todo
un día ella le abandonó ruptura
demasiadas fiestas demasiadas chicas demasiadas ausencias
y él niega el dolor amargura pero le gustan demasiado
y huye del compromiso las quiere a todas
y miedo al abandono infancia frustrada
y es nostalgia del pasado pero
el tiempo es amigo
y las hace regresar y él conserva el vínculo, de vez en cuando
recuerdo y un día de soledad y ellas regresan a él
y él responde presente y su polla y sus manos
se acuerdan
de la forma de su coño del peso de sus senos
tanga rajado anillo que cierra los labios sexo imberbe
consolador a ratos perdidos de pie contra una pared culo sodomita
cada una con su recuerdo como una diario íntimo
y sólo con pensarlo se empalma y va contento tan seguro de su
poder
su sexo como evidencia
y ellas han cambiado pero él se las folla
y es el instante
y sabe que la edad se acerca y que mañana…
por eso folla rápido.

50 REFLEJOS DE LA OSCURIDAD

SUSANA MANN

MÁS ALLÁ DE 50 SOMBRAS DE GREY

Descubra la realidad de las fantasías que encierra el famoso best seller internacional.

Muchas mujeres han descubierto deslumbradas la ficción sensual y sugerente de la novela *50 SOMBRAS DE GREY* que ha sido publicada en todo el mundo con enorme éxito.
Probablemente ha sido un libro que ha abierto muchas expectativas a un público femenino ávido de nuevas experiencias y de acercarse a un mundo de intimidad sexual, considerado prohibido hasta hace poco.
Bondage, dominación, sadomasoquismo o la cara más oscura del amor.
Este libro presenta una visión más profunda, directa y explícita de este mundo entre tinieblas del sexo más extremo.

HIJOS DEL TRUENO

FERNANDO RIQUELME

Una novela que, en el trasfondo de la crisis económica que oprime a la sociedad española, relata la historia apasionante de tres mujeres que se enfrentarán al poder en busca de su propio destino. Es un avance futurista hasta el año 2018, que señala la evolución de un mundo castigado por la crisis en el que los Gobiernos se posicionan en contra de los ciudadanos de a pie y a favor de los intereses financieros y políticos de los más poderosos.

Una historia narrada en un entorno apocalíptico en el que ha derivado una crisis económica que ha desbordado todas las expectativas.